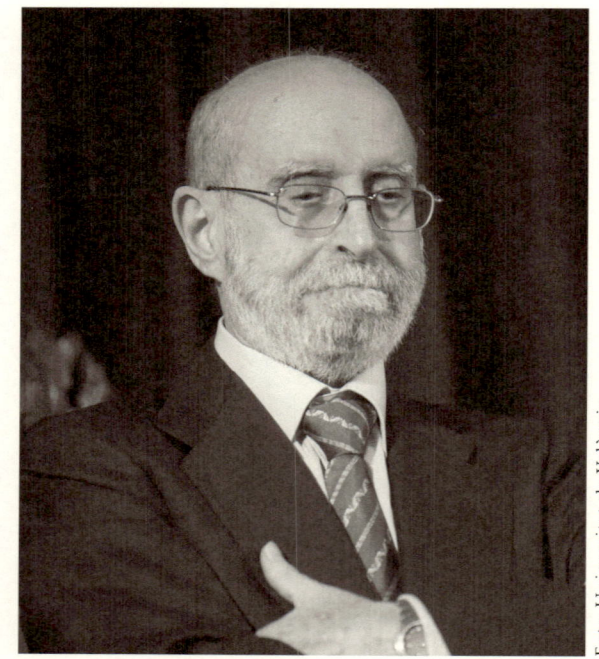

ROMÀ DE LA CALLE

Romà de la Calle:
Medalla
de la Universitat de València

VNIVERSITAT
ⅮⒺ VALÈNCIA

© *De esta edición*: Universitat de València, 2024

Coordinación editorial: Maite Simón
Maquetación: Inmaculada Mesa
Corrección: David Lluch
Fotografías: TAU-UV

ISBN: 978-84-1118-401-4
Depósito legal: V-2326-2024

Impresión: Innovación y cualificación S. L. (Podiprint)

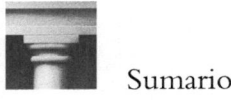

Sumario

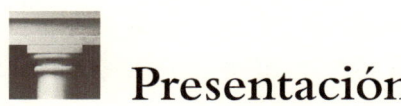

Presentación

Desde hace algunos años, tanto los teóricos de la educación como las agencias encargadas de pulsar el desarrollo y la modernización del sistema universitario están de acuerdo en que los pilares de la educación superior son la docencia, la investigación, la gestión y la transferencia.

A los cuatro aspectos se ha dedicado de forma sobresaliente el profesor Romà de la Calle (Alcoi, 1942) a lo largo de su extensa y exitosa carrera universitaria.

Docente en varias universidades, desde que se iniciara como ayudante en la Universitat de València en 1968, ha impartido clases de Lógica, de Filosofía y de Estética, materia de la que llegaría a ser catedrático y tema de casi un centenar de tesis doctorales de las que fue director o codirector.

Como investigador, ha publicado decenas de libros y centenares de artículos en revistas especializadas y generalistas.

Como gestor, ha ostentado, entre otras responsabilidades, la de director del Institut Universitari de Creativitat i Innovacions Educatives de la UV, que él mismo contribuyó a fundar junto con el profesor Ricardo Marín Ibáñez. Asimismo, ha sido creador del Centre de Documentació d'Art Valencià Contemporani, que lleva su nombre.

En el ámbito de la transferencia, su trabajo se ramifica y extiende por múltiples escenarios: la dirección del Museu Valencià de la Il·lustració i de la Modernitat (MuVIM), la dirección de la Real Academia de Bellas Artes de San Carlos, el consejo rector del IVAM o la organización y dirección del Màster d'Estètica i Creativitat Musical y del Postgrau d'Educació Artística i Museus de la UV.

Su aportación en todos estos ámbitos, su capacidad para crear equipos y su habilidad para conectar con estudiantes y gestores culturales públicos y privados, han convertido al profesor Romà de la Calle en un referente de nuestra *alma mater*, que se lo reconoció entregándole su más alta distinción, la Medalla de la Universitat, el 3 de febrero de 2017.

Desde esa fecha hasta ahora son muchas las cosas que han sucedido en el mundo; la principal, una larga e inesperada pandemia que ha afectado no solo al estado de salud de millones de personas, sino a lo que los especialistas han llamado el síndrome pos-COVID-19: sus secuelas. También a las formas de trabajo y a las rutinas de gestión, a las que nuestra Universitat no ha permanecido ajena. Todo ello ha demorado la publicación de este volumen, que recoge los discursos institucionales pronunciados en aquel memorable acto de entrega, del que la Universitat ha querido dejar constancia escrita y gráfica. Como decía Ovidio: *Nihil est annis velocius.*

ANACLETO FERRER

Valencia, mayo de 2024

ACTO ACADÉMICO

DE ENTREGA DE LA MEDALLA

DE LA UNIVERSITAT DE VALÈNCIA

3 de febrero de 2017

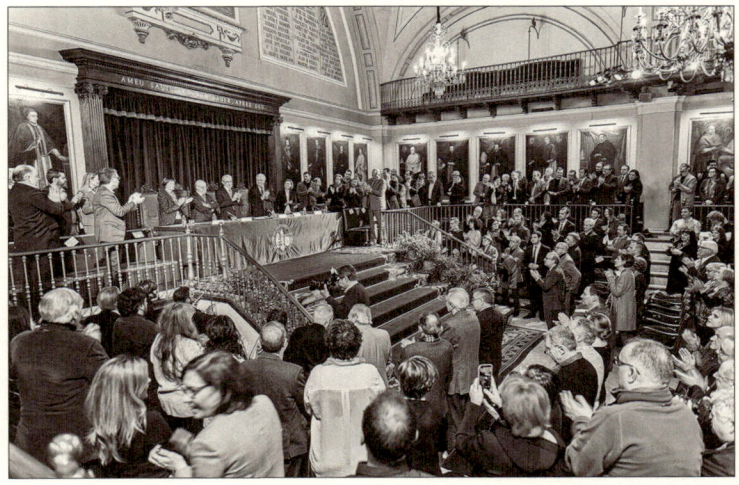

Foto Salva Nebot

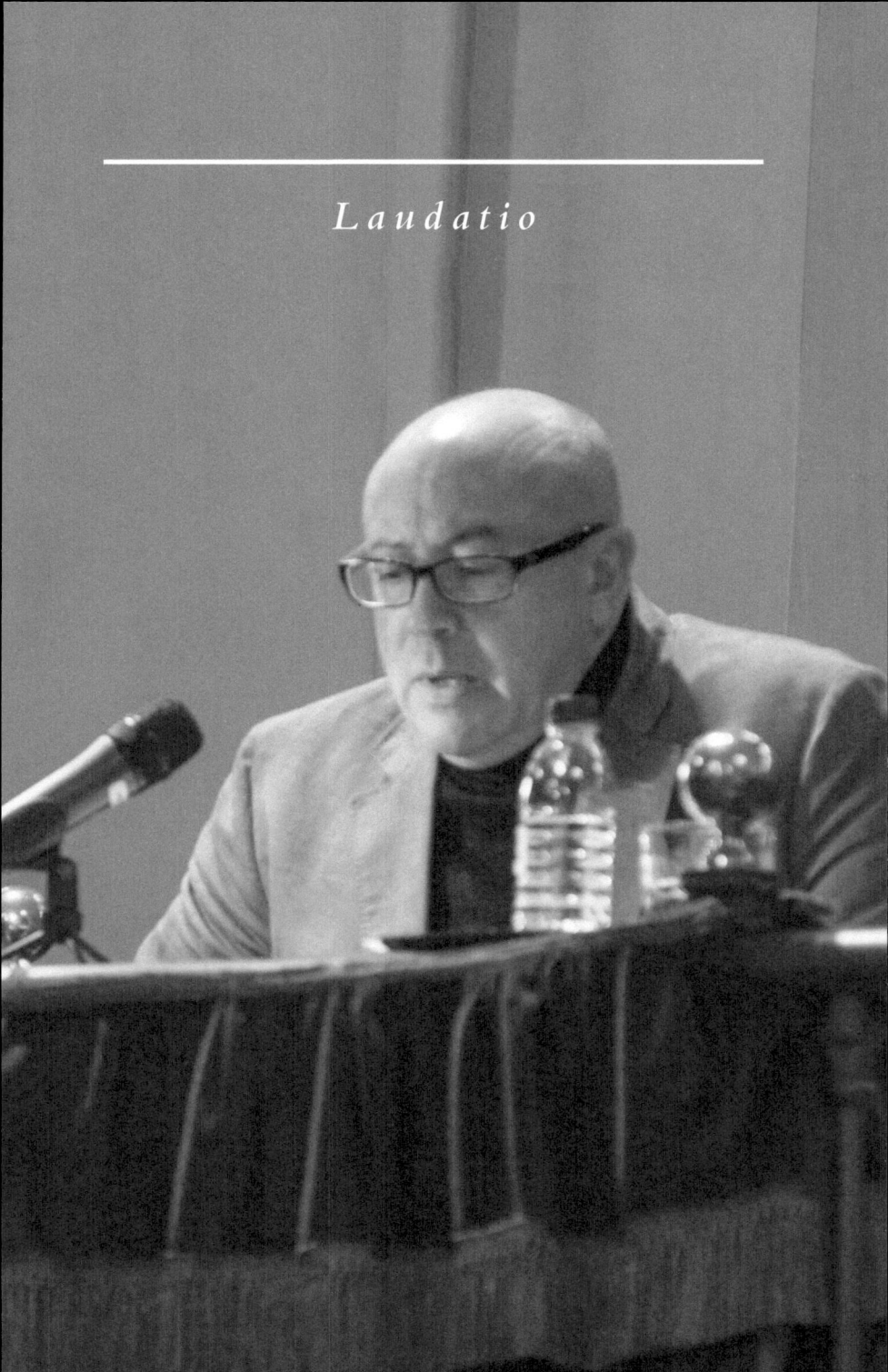

Laudatio

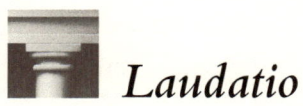 # *Laudatio*

ANACLETO FERRER

Excelentísimo y Magnífico Señor Rector,
miembros del equipo rectoral, responsables académicos,
autoridades civiles,
estimados profesores y profesoras,
amigas y amigos,
señoras y señores:

Es para mí un honor profesional y un motivo personal de satisfacción comparecer ante ustedes en este
acto solemne de imposición de la Medalla de la Universitat de València para hacer la *laudatio* del profesor
Romà de la Calle, a quien conozco, respeto y aprecio
desde hace ya cuarenta años, cuando fui alumno suyo
en las aulas de la antigua Facultat de Filosofia i Lletres,
hoy de Història.

   Decía el poeta T. S. Eliot que «los maestros de
las escuelas sutiles / son controversiales, polimáticos».
Ambas cosas es, sin duda, Romà de la Calle, hombre
de múltiples saberes y curiosidades intelectuales, cuyo

mayor interés ha sido entroncar la estética con la vida, y hacer de esta *scientia cognitionis sensitivae* (ciencia del conocimiento sensible), introducida en el ámbito de los saberes filosóficos por Baumgarten en 1750, una vía de compromiso con los problemas de su época, a través del estudio, la enseñanza y el impulso a la construcción creativa, ya sea desde el lenguaje, desde el sonido y los silencios o desde las formas plásticas. «Si hay un ámbito que sea –ha escrito Romà–, por definición, tierra de nadie, si hay un espacio donde siempre nos sentimos, normalmente, diletantes, este *no man's land* catalizador y versátil es, ni más ni menos, el de la Estética como disciplina». La poesía y el teatro, la música y las artes visuales han estado en el centro de sus intereses investigadores y de su práctica docente –de su polimatesis– en un momento u otro de su dilatada carrera académica. Insisto en esto de *dilatada*, porque el suyo es uno de esos rarísimos casos en los que el trabajo docente universitario empieza incluso antes de concluido el discente, cuando, en el curso 1968-69, el catedrático Fernando Montero propone al brillante estudiante de quinto (Premio Extraordinario de Bachillerato primero y Premio Nacional Fin de Carrera después) hacerse cargo de las clases del grupo vespertino de segundo de la asignatura Historia de los Sistemas Filosóficos, junto con Ricardo Marín, reconocido pedagogo y en aquel momento agregado de Filosofía. El motivo: el traslado de Carlos París, titular de la materia hasta entonces, a la Universidad Autónoma de Madrid.

Aquel joven formado entre las bambalinas del teatro independiente y las aulas del instituto de Alcoy, que, como él mismo ha dicho en más de una ocasión, había llegado a la filosofía desde la poesía, se introducía en la docencia desde el teatro, poniendo en práctica al menos tres de las indicaciones que Bertolt Brecht prescribía a sus actores: la primera, *el intercambio de papeles*: «El actor debe intercambiar su papel con el de su compañero, unas veces imitándolo; otras, incorporando su propia forma de actuar», y él lo hacía con Ricardo Marín; la segunda, *cómo hablar citando*: «En lugar de procurar crear la impresión de que se está improvisando, el actor debe demostrar lo que es cierto: que está citando», lo que ha hecho siempre provisto de fichas y de esquemas, y la tercera, *la importancia de la amenidad*:

> Uno de los deberes fundamentales del actor es resultar ameno. Tiene que exponerlo todo —en especial lo horrible— con placer, y debe demostrar este placer. Quien no sea capaz de entretener mientras enseña y enseñar mientras entretiene, no tiene que hacer teatro.

Ni en el escenario ni en la tarima. Desde aquel curso hasta el de su jubilación, cuarenta y cinco años como profesor en distintas universidades (pero principalmente en esta *alma mater*) avalan la seriedad con la que Romà asumía el reto lanzado por el profesor Montero. A la muerte de Franco, en el otoño de 1975, la estética se encontraba en España en una situación parecida a la de la mayoría de los ámbitos de la cultura, académicos o no: afrontando las consecuencias del empobrecimiento material y moral de la cuadragenaria dictadura y, sin embargo, llena de expectativas y de prometedores indicios. Pero, como explica Gerard Vilar,

> la debilidad de la estética en España no era solo producto de la catástrofe de la Guerra Civil y de la glaciación franquista que la siguió durante cuarenta años, sino que se debió y se debe también a una débil tradición filosófica y científica producto del dominio del catolicismo más dogmático, de la insuficiente Ilustración y de la tardía incorporación a la modernidad del país.

Y ese era precisamente el reto al que tuvo que enfrentarse una generación de estetas, «controversiales y polimáticos», con intereses y dedicaciones transversales que pasaban por la filosofía, la literatura, la política, la arquitectura, la música y la crítica de arte, de la que formaban parte José María Valverde, Simón Marchán, Rubert de Ventós, Antoni Marí, Eugeni Trias, Félix de Azúa, Rafael Argullol, Eduardo Subirats, Diego Romero de Solís, José Jiménez o el propio Romà de la Calle.

A la normalización de la disciplina contribuyó, sin duda, el reconocimiento de la Estética y Teoría de las Artes como un área especializada de conocimiento tras la aprobación de la Ley de Reforma Universitaria de 1983. Creador de esta área de conocimiento en nuestra universidad, los que hemos asistido a las clases y seminarios de Romà, antes y después de promulgada esta norma, le hemos oído hablar de Horacio, Du Bos, Kant, Schiller y Hegel, pero también de Tolstoi, Lukács, McLuhan, Croce, Arnheim, Dufrenne, Hospers y Eco, combinando perfectamente los clásicos de la modernidad con los clásicos modernos. Su dedicación, dentro del nuevo panorama abierto por la institucionalización de la presencia de especialistas de Estética y Teoría de las Artes en los estudios de distintas facultades, escuelas superiores y universidades, produjo como resultado una intensa actividad intelectual que se materializó en la dirección de numerosos trabajos académicos. Las cifras son abrumadoras: noventa y una tesis doctorales, treinta y seis memorias de licenciatura y sesenta y ocho trabajos de investigación de Tercer Ciclo. Además de un importante número de publicaciones propias en revistas especializadas, libros misceláneos y monografías.

A principios del siglo pasado, el giro de la plástica hacia la experimentación condujo de manera irreversible a valorar los objetos estéticos dentro del entramado teórico que los sustenta y justifica. Coincidiendo con este nuevo contexto, frente a viejas concepciones que fundamentaban el arte en lo sensitivo (en lo retiniano, como lo llamaba Duchamp), se impuso la idea de que hacer arte pasa necesariamente por la producción de contenidos intelectuales que se expresan a través de la palabra, facilitando una apertura hermenéutica que constate la pluralidad de lecturas y lectores de que es susceptible el texto artístico.

Este ha sido el interés también en el que ha comprometido su labor crítica Romà de la Calle, desde que, a finales de los años setenta, espoleado por Vicente Aguilera Cerni, decidiera continuar su quehacer en el ámbito de la educación artística fuera de las aulas, a pie de *atelier* y exposición. Y lo ha hecho sin prejuicios escolásticos ni rigideces metodológicas, propiciando, como él mismo afirma, un «eficaz intercambio metalingüístico entre teoría filosófica y práctica literaria». En la nómina de los artistas estudiados por Romà hay de todo, dibujantes y pintores, ceramistas y escultores, grabadores, fotógrafos y videoartistas, constituyendo un voluminoso corpus crítico que ningún estudioso –o simplemente amante– del arte valenciano contemporáneo puede pasar por alto. Su especial dedicación al estudio y la investigación de las artes plásticas, y su sostenido interés por la museología y la educación, le llevaron a reunir una importante colección de obras, sobre todo –aunque no solo– de artistas valencianos. Un conjunto integrado por cuarenta piezas, que desde el pasado 8 de junio forma parte del fondo patrimonial de la Universitat de València.

En un texto de carácter autobiográfico bastante reciente, Romà rememora:

> No sé realmente si he conseguido llegar a ser lo que quería, a pesar de ocupar, desde hace años, una cátedra en la Facultat de Filosofia en la Universitat de València-Estudi General. Siempre tuve muy claro que paralelamente a la docencia y a la investigación, que me interesaban al unísono –como dos vías básicas de la dedicación universitaria–, había algo más que también me atraía y que tampoco tenía todavía, por cierto, un nombre determinado; solo después nos enteraríamos de que aquello entraba muy adecuadamente bajo el paraguas lingüístico del término *gestión*.

En el ámbito marcadamente interdisciplinario de la gestión cultural, Romà de la Calle fue impulsor, en los años setenta, del Institut de Creativitat i Innovacions Educatives, uno de los primeros institutos de investigación del *alma mater*; puso en marcha el Centre de Documentació d'Art Valencià Contemporani, que hoy lleva su nombre; concibió y dirigió el Màster d'Estètica i Creativitat Musical y el Postgrau d'Educació Artística i Museus, ambos de la Universitat de València y con más de tres lustros de vigencia. Además de este trabajo en el seno de la institución universitaria, la labor gestora del profesor Romà se ramifica y fructifica en el exterior: forma parte del consejo rector del IVAM desde 1987, del consejo de dirección del Museo de Arte Contemporáneo de Vilafamés entre 1988 y 1995, del consejo rector del Instituto Valenciano de Conservación y Restauración de Bienes Culturales de la Comunidad Valenciana entre 2005 y 2011, y ejerce la presidencia de la Real Academia de San Carlos entre 2007 y 2011, y la dirección del Museo Valenciano de la Ilustración y la Modernidad entre 2004 y 2010.

Es imposible que la estética abarque plenamente su cometido sin la ética. Wittgenstein sentencia que «ética y estética son lo mismo», que literalmente «son Un» (*sind Eins*). La lección es fácil de pronunciar, pero difícil de poner en práctica. Romà, no obstante, ha hecho suyo aquel compromiso que entroncaba con la mejor tradición de la *kalokagathia*, una expresión griega que indica la integración de la belleza (*kalos*) con la bondad (*agathos*), la relación fundante de la ética respecto de la estética. Según Emilio Lledó, este concepto, por desgracia tan desgastado, «unido a la veracidad, al no engaño, propio o ajeno, podríamos rebajarlo, en nuestros tiempos, a un término más modesto, pero no por ello menos necesario: la decencia». ¿Quién no recuerda aquel gesto de indignada decencia de Romà de la Calle presentando su dimisión como director del MuVIM, su compromiso gestor más conocido, tras negarse a admitir un ignominioso acto de censura por parte de los poderes políticos de entonces? Sí, «indignada», porque, como apuntaba Fuster,

> si la indignación es una forma de la ira, al menos no es una ira más, una ira cualquiera. Todo lo contrario: es la ira que ata a la virtud. Indignación y virtud son, en última instancia, «cosas» correlativas: incluso son «cosas» consustanciales.

Antes de concluir esta *laudatio*, me gustaría recordar unas palabras del moralista francés De la Rochefoucauld, que en una de sus *Máximas* decía: «es más fácil parecer digno de los cargos que no se tienen que de los que se ocupan». También en esto Romà ha sabido dar una lección, no solo ostentando con dignidad los cargos que ha ocupado, sino pareciéndolo. A cambio, ha recibido numerosas distinciones, tanto por su trabajo como por la proyección social de este. Ha sido, cosa difícil, profeta en su tierra. Permítanme, para terminar, que desgrane algunas: Cruz de Alfonso X el Sabio y Medalla de Plata al Mérito Profesional del Ministerio de Educación y Ciencia, Medalla de la Facultad de Bellas Artes de la Universitat Politècnica de València, Medalla de la Facultat de Filosofia, Premio Nacional de Crítica de Arte, Premio de Ensayo Senyera, Las Palmas Académicas del Ministerio de Educación Nacional de Francia, Llama Rotaria en Ciencias Humanas, Premio a la Libertad de Expresión de la Unión de Periodistas, Premio Cartelera Túria al Comportamiento Cívico, Premio Joven Cultura y Democracia, Premio Primero de Mayo a la Libertad de Expresión, Premio Gráffica 2010 al interés por la cultura del diseño gráfico, Premio Libertad Cívica, otorgado por la logia masónica Blasco Ibáñez, Premio Educación y Sociedad, y Medalla al Mérito Cultural de la Real Academia de San Carlos.

El último de los galardones recibido ha sido el XIX premio UNE (Unión de Editoriales Universitarias Españolas), a propuesta de un jurado independiente, a la colección Estètica & Crítica, que fundó y dirige desde 1993 (y edita Publicacions de la Universitat de València), como la mejor colección de libros publicados por las universidades españolas. Un reconocimiento que une, una vez más, la figura del universitario con la de la universidad que lo acoge, con la de su *alma mater*, con aquella que, también hoy, le hace entrega de su más alta distinción en el mismo lugar en el que Romà de la Calle empezó a impartir clases hace ya más de medio siglo.

Muchas gracias por su atención.

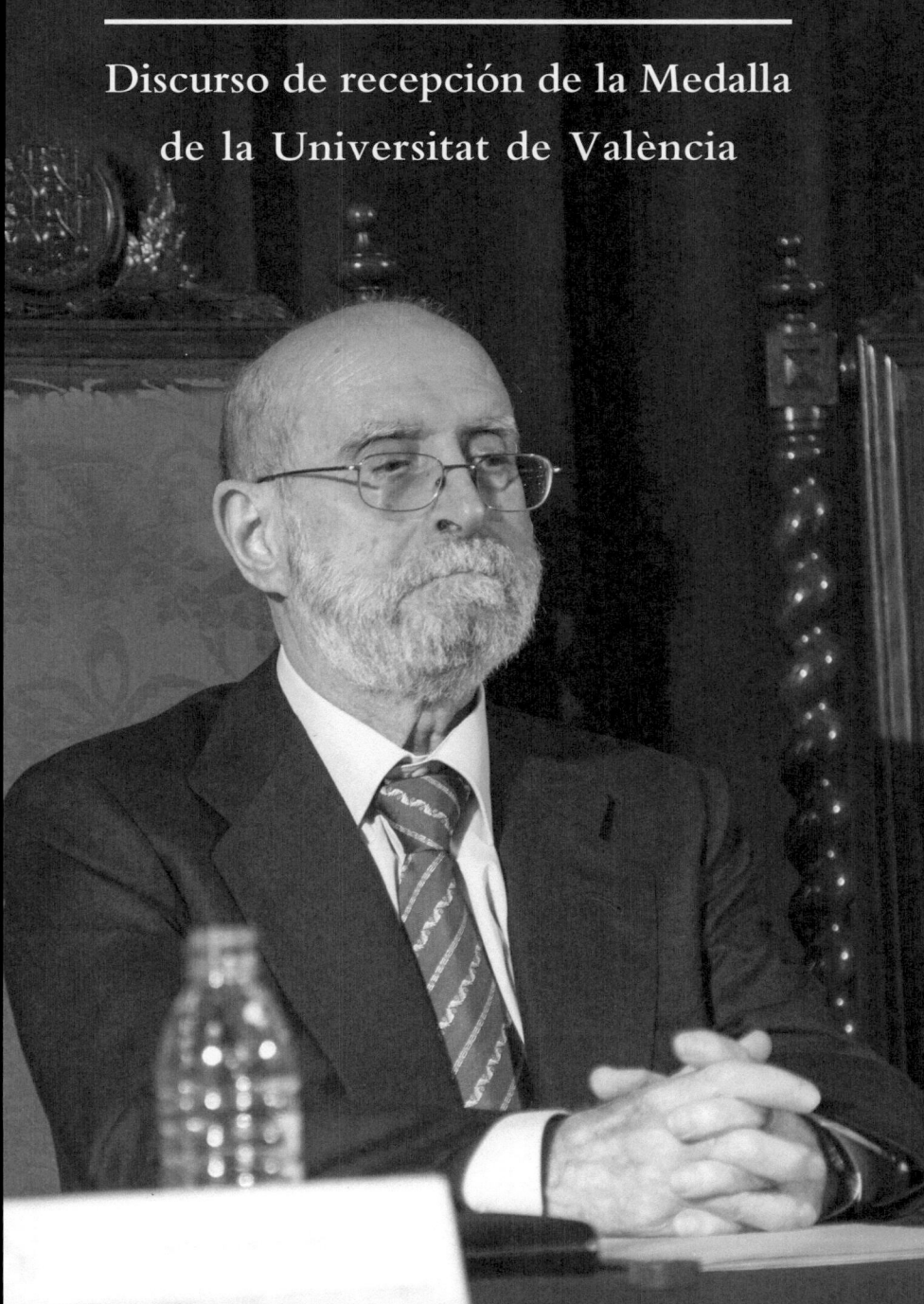
Discurso de recepción de la Medalla de la Universitat de València

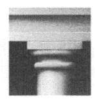

Discurso
de recepción de la Medalla
de la Universitat de València

ROMÀ DE LA CALLE

La estètica como filosofía práctica

Magnífico y Excelentísimo Señor Rector,
excelentísimas autoridades,
profesores, colegas, familiares y amigos,
señoras y señores:

Necesariamente –dada mi estrecha vinculación con la institución universitaria, que tan intensamente ha condicionado mi vida en este último medio siglo–, mis primeras palabras deberán ser de profundo agradecimiento hacia aquellos que iniciaron las gestiones para la propuesta y concesión de la Medalla de la Universidad y hacia quienes se sumaron al proyecto que, en este acto, culmina. Se trata, además, de ampliar el agradecimiento a las personas y los colectivos que han estado trabajando a mi lado –y yo al suyo– en estas décadas de especial dedicación a la docencia y a la investigación universitarias.

Asimismo, de forma muy especial, después de escuchar su expresiva *laudatio*, deseo reconocer al profesor —y sobre todo amigo— Anacleto Ferrer el grado de generosidad mostrado hacia mi persona a través de sus bien articuladas y emotivas palabras. Muchas gracias. La verdad es que, además de sentirme conmovido por el reconocimiento y por el aprecio de quienes he querido acompañarme en este día, he de confesar que me invade la puntual nostalgia de haber coronado un complejo viaje y de haber llegado justo al mismo lugar desde donde, hace décadas, partí. De hecho, practicando un trávelin lento, recuerdo ahora —con la mirada agudizada por la situación— este espacio solemne (de singular peso académico y profundas resonancias históricas) convertido, para mí —junto con el resto del edificio de La Nau—, en genuino emblema de nuestra histórica universidad.

Este es el impactante lugar que, a principios de la década de los sesenta, descubrí y admiré, embargado por su rotunda arquitectura, cuando acababa de llegar de Alcoy para estudiar aquí —con suma ilusión y también cierto temor y explicable inquietud— una especialidad, sin duda, minoritaria. Justamente el claustro, las aulas colaterales (de entonces) y sobre todo la bien dotada biblioteca tenían que convertirse en el escenario habitual de comportamientos, estudios, aprendizajes y convivencias. Aquí cursé, pues, la licenciatura en Filosofía, en el marco de lo que oficialmente se denominaba, globalmente, Filosofía y Letras.

Precisamente desde la ubicación física excepcional que ahora ocupo en este Paraninfo, querría romper una lanza de reconocimiento en favor de la formación recibida entre estos muros. Por un lado, gracias a los planes vigentes entonces de humanidades genéricas comunes, antes de elegir el campo filosófico como especialización. Y, por otro, por el destacado conjunto de profesores que, efectivamente, tuvimos la suerte de disfrutar y compartir. Fueron ellos, sin duda, quienes convirtieron aquel momento y este espacio universitario en un excepcional y comprometido reducto intelectual, en medio de un circundante y drástico franquismo, que se disponía a celebrar paradójicamente, en aquella concreta coyuntura histórica, sus XXV Años de Paz.

El otro principal escenario de formación y de enriquecedoras experiencias ciudadanas, además de las aulas, era el magnífico y acogedor claustro. Se convirtió, de hecho, en un espacio de persistente intervención colectiva y sede obligada de incontables convocatorias, asambleas y parlamentos, que en realidad —así lo recuerdo y reconozco— nos aportaban sentido de la responsabilidad, abundantes reflexiones críticas, numerosos proyectos de acción y determinadas decisiones de futuro.

De hecho, al recorrer el edificio, cada rincón me dicta recuerdos y vivos testimonios. Aquí finalicé Filosofía, amplié mis estudios complementarios de Pedagogía, que entonces se iniciaba como nueva especialidad, y pronto empecé, también, a impartir clases, después de la convocatoria oficial preceptiva. Ciertamente, el número de alumnos empezaba a crecer, en aquella década, y se duplicaban los grupos y también las aulas. Era el inolvidable mayo del 68.

En este marco situacional, se entenderá que recuerde que mi primera clase —como profesor ayudante de Filosofía, sustituyendo ni más ni menos que a don Carlos París, que se trasladaba a la Universidad Autónoma de Madrid— fuera justamente aquí, en el espacio del Paraninfo, transformado en aula durante algún tiempo por exigencias del guion histórico. Joven profesor, sin tarima, a pie firme, junto a los asientos y las imponentes escaleras, solo con una mesita supletoria lateral y una inestable pizarra apoyada en dos sillas.

Ante la presión emotiva y espacial de este momento, era, pues, obligado que empezara recordando esta coincidencia, en esta especie de viaje de ida y vuelta, que —como digo— arrancó aquí y, de nuevo, hasta aquí llega, medio siglo después.

Reconozco que siempre me planteé la filosofía como útil y estratégico camino aplicado, mirando directamente hacia la vida y entrando en ella a saco.

Nunca la entendí, ciertamente, como reducto especulativo, autónomo y aislado. Y si todo cultivo de la filosofía —pensaba y sigo pensando— cruza y se detiene, necesariamente, por un lado, en los meandros de la historia misma de la filosofía, tampoco deja de exigir, por otro, además, una determinada estancia propedéutica en los sólidos dominios de la lógica, de la gnoseología y de la epistemología. Estos fueron, en efecto, algunos de mis tramos docentes iniciales.

Sin embargo, en mi caso, las preferencias e inquietudes filosóficas personales siempre se decantaron —ya incluso de estudiante— hacia el campo de la entonces llamada Filosofía Práctica, mucho más directamente asociada, sin duda, en sus diferentes vertientes, a las realidades cotidianas del entorno. Apuntaré que, bajo el epígrafe de Filosofía Práctica, se nos reconducía, disciplinariamente, durante la carrera, hacia la antropología, la sociología, la ética y filosofía política y la estética y teoría de las artes. He de confesar que, ya como profesor de Historia de la Filosofía y de Lógica y Filosofía de la Ciencia, tanto en esta universidad, Estudi General, como también en la recientemente fundada, entonces, Universitat Politècnica de

València, desde el 69, nunca dejé de favorecer una imprescindible deriva personal hacia dicha operatividad filosófica.

Por otro lado, al hilo de mi propia experiencia, quería unir tres vertientes que intuía imprescindibles para asegurar la relación entre la universidad y la sociedad, como bisagra de futuro: me refiero a la docencia, la investigación y la gestión sociocultural, inseparables de la vida ciudadana.

En esta tesitura me encontraba, cuando, en 1970, el azar se encargó de apostar por mí y en mi favor. Quedaba vacante la única plaza estatal —entonces dotada— de profesor adjunto numerario de Estética y Teoría de las Artes, con la marcha del profesor León Tello, también, por cierto, desde Valencia a la Universidad Autónoma de Madrid.

He de reconocer que, desde el principio, una de mis explícitas preocupaciones siempre fue el abierto carácter de *no man's land* que la estética mantenía, tanto en su histórica diacronía como en su realidad contemporánea. El riesgo se presentaba, pues, frente a esta incógnita tierra de nadie y crecía con el peligro académico «de acabar siendo más un diletante —extensivo— que un verdadero especialista». De ahí la necesidad perentoria, que experimenté, de definir territorios de estudio apropiados a cada caso.

Una vez más —insisto— estética e historia de la estética tenían que ir de la mano, igual que la filosofía nunca dejará de ser, tampoco, en parte, la rememoración de su propia historia. Pero, por mi parte, además, seguía obsesionado por aplicar la filosofía a la realidad circundante, es decir, en este caso, al plural dominio de las artes, en su contexto sociocultural y, especialmente, al dilatado campo de las artes plásticas y visuales, en su contemporaneidad más inmediata.

Incluso en el desarrollo histórico contemporáneo del marco del área, en la Universidad española, siempre propuse y apoyé personalmente, ante los colegas de diferentes universidades, la urgente exigencia de construir sólidos puentes de especialización entre la estética, como filosofía aplicada, y las diversas áreas concretas artísticas existentes. Se trataba de entrelazar plenamente, de esta manera, las raíces filosóficas con las diferentes disciplinas artísticas de los respectivos campos de intervención y acogida.

De lo contrario —frente a otras posturas que propiciaban, a ultranza, una especie de restricción para la estética, encerrada en su particular reducto filosófico—, tenía claro que la presencia de nuestra disciplina corría el riesgo de desaparecer académicamente, de manera gradual, en ciertos campos de aplicación a las artes, sin el desarrollo de un diálogo interdisciplinario permanente. Y así ha sucedido, en los últimos lustros, en determinados dominios concretos, como pueden ser, por ejemplo, los de la arquitectura y la ingeniería, entre otros.

Por mi parte —como ya he dicho—, la necesidad operativa y equilibrante de mantener y al mismo tiempo, por un lado, controlar la fuerte tentación especulativa, que todo filósofo, de alguna manera, ejercita, y, por otro, fomentar crecientemente, asimismo, la directa aplicabilidad de la filosofía al campo de la praxis y de la experiencia de las artes, se convirtió en la estrategia fundamental para acercar la labor docente e investigadora al inmediato campo aplicado de la crítica de arte. Este fue, pronto, uno de nuestros objetivos-puente propiciados entre la universidad y la sociedad: la creación —con el imprescindible apoyo del recordado Vicente Aguilera Cerni y de otros colegas de estética, de historia del arte y del ámbito del periodismo— de la Associació Valenciana de Crítics d'Art (AVCA) en el año 1980.

El ejercicio de la crítica de arte se transformó, pues, entre nosotros, en experimental piedra de toque del eficaz acercamiento de la reflexión estética y sus diversas aplicaciones al panorama de las artes plásticas valencianas. También en otras universidades españolas se entendieron estas experiencias como oportunos y necesarios reajustes interdisciplinarios. No puedo dejar de recordar, en referencia a esto, mis años de profesor de Estética y Teoría de las Artes en la Universidad Complutense, entre los difíciles años 1974 y 1978, en los que también se puso en práctica, no sin problemas, esta visión aplicada, abierta y dialogante de la disciplina.

En realidad, dos núcleos históricos resultarían básicos en los programas de docencia e investigación, dentro de esta materia, desde la Universitat de València. Por un lado, el estudio del siglo XVIII, como origen y anclaje definitivo de la estética, pero también como punto de partida de la moderna historia del arte, del nacimiento de la crítica y de la implantación de los museos, como genuina institución sociocultural. Además, siempre me atrajo el estudio del fenómeno expansivo internacional, en el Siglo de las Luces, de las reales academias de bellas artes y especialmente de lo que sucedió en nuestro país, con su dilatada historia de siglos.

La Real Academia de San Carlos, fundada en 1768, se inició, como es bien sabido, justamente en este mismo edificio de nuestra universidad —que tantas historias sostiene y articula—, donde ambas instituciones —Universidad y Academia— cohabitaron durante más de un siglo (1754-1850). Pero esta sería ya otra larga aventura...

El segundo núcleo del programa iniciado como estética aplicada se resolvería en la sostenida atención prestada al arte contemporáneo, a la fundamentación, el seguimiento crítico, la potencialidad museológica y la proyección social de este, optando de manera especial por atender el seguimiento histórico y el estudio del contexto artístico del País, desatendido académicamente y poco estudiado. Aquello sí que era una asignatura pendiente, en aquellas décadas, y el Departamento de Estética y Teoría de las Artes asumió efectivamente —en aquel contexto sociopolítico de la dilatada transición— la tarea de normalizar, tanto como fuera posible, las relaciones entre el hecho artístico valenciano y su abordaje académico, siempre desde la propia universidad. Un hecho que nunca antes había ocurrido.

Este fue el camino, operativamente trazado, para dar efectividad a la estética como filosofía práctica, tema central de esta *lectio*. Pero hay una reflexión personal, no menos destacada, que no querría pasar por alto. En lugar de despiezar aquel corpus filosófico aplicado, dividiéndolo de forma inmediata, en sus diferentes disciplinas académicas, siempre me pareció, al menos desde el campo de la estética —primero como estudiante y luego como docente—, que la categoría de relación interdisciplinaria era fundamental para asegurar el sostenimiento y la fluidez del mismo contexto de la filosofía práctica.

Desde el afán de una nueva estética era imposible, en efecto, no dialogar, por ejemplo, con la antropología, la sociología y la psicología, dadas las profundas raíces humanas existentes en toda actividad poiética, creativa, artística y transformadora. Diálogos, siempre, de doble dirección.

Pero lo mismo habría que apuntar, precisamente, respecto a la estética y sus profundos y diversos enlaces e intersecciones con los dominios de la ética. *Nulla aesthetica sine ethica* había sido el legado vital del profesor Valverde que, inmediatamente, me propuse hacer mío.

O de la estética, también, con sus comprometidas aplicaciones en el campo de la cultura artística, de cara a la política, en su implantación social, ciudadana, educativa, tanto individual como colectivamente enfocadas. ¿Cómo no hablar de políticas y servicios culturales, por ejemplo, desde la reflexión estética?

Estos diálogos interdisciplinarios eran, pues, imprescindibles, dadas las persistentes conexiones que esta misma raíz común, como sectores coimplicados de la filosofía práctica, les otorga y asigna.

Por nuestra parte, la decisión de marcar en el panorama de la estética, operativamente, dos zonas de atención preferencial, quizás ayuda a justificar, de alguna manera, las particulares claves expositivas que estamos ahora desarrollando.

Efectivamente, la Ilustración y la Modernidad serían, pues, los ámbitos marcados como los de mayor atracción, en nuestra agenda filosófica. La Ilustración y la génesis de la reflexión estética, con sus conexiones interdisciplinarias. La Modernidad como transformación evolutiva de las herencias ilustradas, vinculadas, en nuestro caso, al hecho artístico contemporáneo, en una determinada franja de diversidad, desde las artes plásticas y visuales hasta las artes gráficas y el diseño.

Respecto a la Ilustración, es importante subrayar el singular activo que la historia de la estética ha representado para la docencia y la investigación, basadas, en nuestro caso, en el estudio, versión y edición de textos fundamentales, nunca antes publicados en castellano o en valenciano, especialmente de pensadores internacionales del siglo XVIII, pero también de escritores consagrados en las dos centurias siguientes.

Justamente en este punto, quería poner el acento principalmente en la fecunda labor desarrollada por el Servei de Publicacions de la Universitat de València (PUV), en el que, hace veinticinco años, tras una serie de gestiones previas, se puso en marcha la colección Estètica & Crítica, que hasta ahora he estado dirigiendo. Su objetivo era exactamente desarrollar la cultura histórica, estética, artística y filosófica, traduciendo textos básicos, de carácter clásico, de alcance internacional, con los correspondientes estudios críticos incorporados, de orientación académica. Se trataba de fomentar el cultivo y la formación interdisciplinaria de universitarios, profesionales, investigadores, especialistas y lectores interesados en estas fundamentadas bisagras entre la cultura artística y las humanidades. Siempre he considerado que esta era una tarea básicamente de raíz universitaria.

Cuarenta volúmenes han ido apareciendo, hasta el momento, en esta colección –*gutta, gutta cavat lapidem*–, lo que ha facilitado textos de autores históricamente imprescindibles. Pero lo más estimulante, como apoyo moral, ha sido que recientemente –cuando ya estaba solicitando, por edad, el reemplazo en estas tareas de dirección– la UNE (Unión de Editoriales Universitarias Españolas) ha decidido galardonar, a través de un jurado independiente, nuestra colección, Estètica & Crítica, con el Premio a la Mejor Colección Universitaria. De ahí, una vez más, la satisfacción sentida y el agradecimiento que quiero expresar al equipo editorial y a los traductores y responsables de todo el trabajo de estudio e introducción crítica que se ha llevado a cabo, tan generosamente, en este proyecto compartido.

En realidad, las exigencias del contexto histórico contemporáneo, ya en plena transición política, irían condicionando/determinando, en buena medida, los perfiles de la estética en nuestras universidades públicas valencianas, acentuando nuestras especializaciones como colectivo interdisciplinario en expansión. Incluso organizábamos, lo recuerdo bien, las primeras muestras de arte contemporáneo gestionadas y comisariadas en La Nau, ya en los inicios de la década de los ochenta.

¿Qué núcleos había que priorizar, pues, en el estudio del arte contemporáneo, desde la reflexión estética? Era algo que nos preguntábamos, bastante interesados, en las primeras sesiones de trabajo.

En primer lugar, nos preocupaba, sin duda, el estudio de las «poéticas» en el panorama artístico del momento. No obstante, estábamos dispuestos a romper una lanza, no en favor de una «estética normativa», como la que históricamente, a menudo, se había propiciado, sino más bien potenciar el desarrollo, en el marco de la contemporaneidad, de una nueva estética, es decir, de una «estética descriptiva y analítica», en relación con el hecho artístico actual.

El arte asumido, ni más ni menos, como suma de las poéticas que, en cada coyuntura histórica, persisten, emergen y se desarrollan. Era un reto que la estética debía asumir, a pie de campo, para involucrarse plenamente en la poética y la crítica, al abordar el estudio del panorama del arte contemporáneo de nuestro alrededor.

Estética, poética y crítica, entendidas, finalmente, como eslabones estrechamente correlacionados. Todo un complejo campo de intereses se abría, pues, a la estética como filosofía aplicada, en su acercamiento al horizonte del arte valenciano. Diálogos entre las imágenes y las palabras. Numerosos volúmenes editados, proyectos de investigación gestionados, exposiciones propiciadas... Pero tampoco es el momento oportuno de insistir más en esta trayectoria de logros...

De hecho, tanto la cátedra de Estética como su creciente área disciplinar –nunca antes existentes históricamente en las universidades valencianas– fueron perfilando su implantación y sus programaciones activas, partiendo –in nuce– desde la Facultat de Filosofia, para impartir docencia, además, en Història de l'Art, en Filologia, en Belles Arts, en Arquitectura y en Ciències de la Música. Sin duda, todo un rosario de escalones de activación académica y social, junto a numerosos recuerdos compartidos por muchas personas, algunas de las cuales, quizá, también hoy se encuentren presentes aquí.

Este era, al fin y al cabo, el contenido que deseábamos embastar, con un evidente perfil pragmático, como agradecimiento a la Universitat de València - Estudi General, que facilitó la realización de muchos de nuestros sueños, transformados además en proyectos viables, a lo largo de medio siglo de convivencia.

Quod potui feci, faciant meliora potentes.

Muchas gracias a todos por su presencia, atención, afecto y compañía.

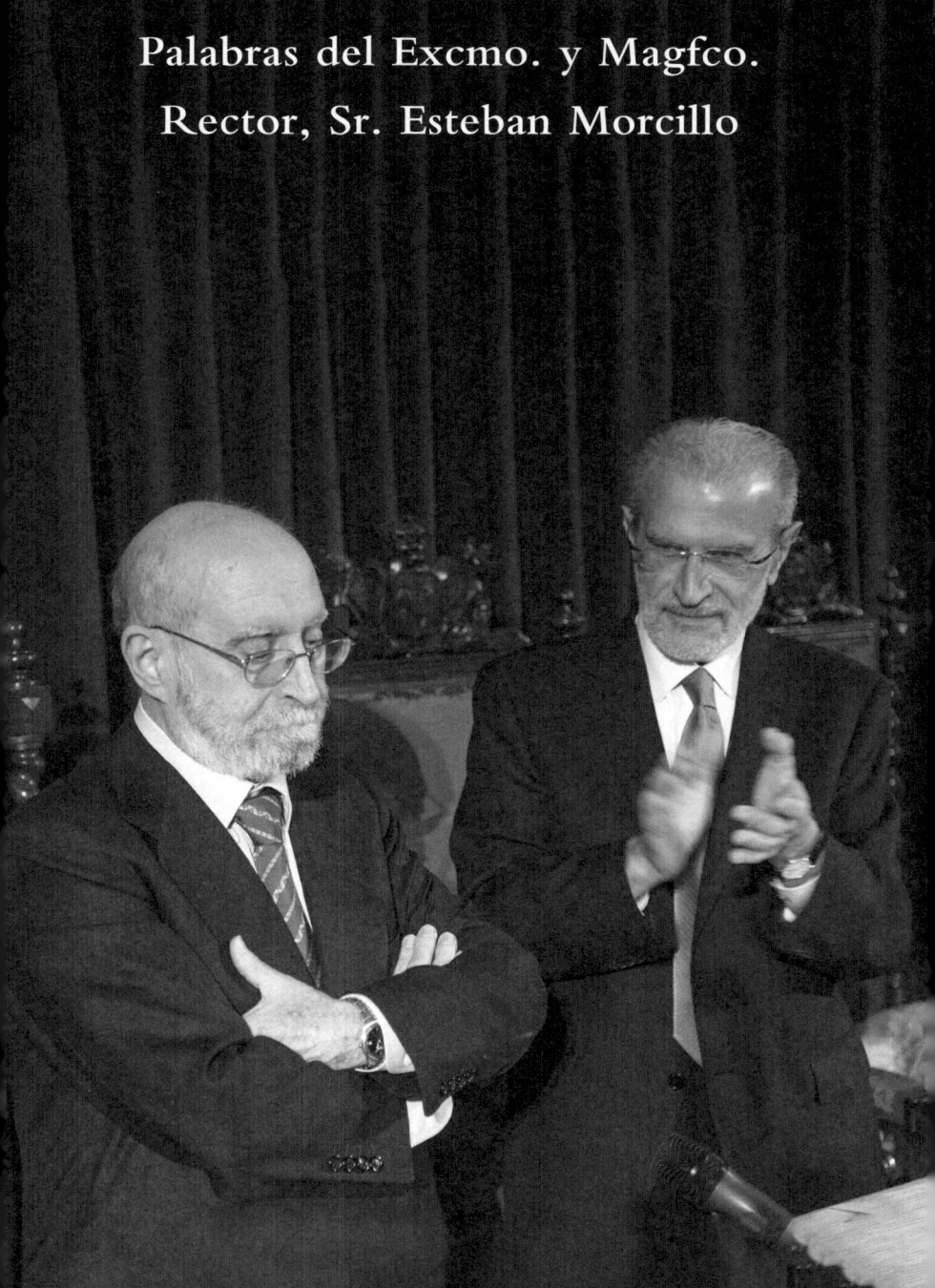

Palabras del Excmo. y Magfco.
Rector, Sr. Esteban Morcillo

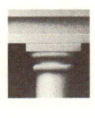

Palabras del Excmo.
y Magfco. Sr. Rector

ESTEBAN MORCILLO

Señoras y señores:

Bienvenidas y bienvenidos a este histórico edificio de
la Universitat de València, La Nau, «casa de estudios»,
espacio emblemático de la ciudad de Valencia que,
como ha señalado en su magnífica *lectio* el doctor
Romà de la Calle, ha sido el lugar físico y anímico
en el que se han conformado generaciones de valen-
cianos y valencianas desde que, en 1499, los jurados
de la ciudad de Valencia decidieron erigir este Estudi
General para que –y cito textualmente las ordinacio-
nes de 1499– «los fills de la present ciutat e regne com
estranys de altres regnes e províncies puxen estudiar,
hoyr e aprofitar en la present ciutat».

Es por ello por lo que este emblemático edificio
sigue siendo un espacio simbólico para muchas per-
sonas que en estas aulas avanzaron por la senda del co-
nocimiento forjando en este camino nuevos vínculos,

abriéndose a nuevas ideas y experiencias, pero también para muchas otras que han venido a los numerosos espacios que conforman la arquitectura de La Nau para participar de su intensa actividad cultural, de reflexión y de pensamiento.

Para compartir con la dignidad requerida las más grandes exposiciones de las ideas y para intercambiarlas se construyó este Paranimf, este teatro académico, para acoger los más solemnes debates y actos públicos y académicos desde mediados del siglo diecisiete.

Me permitirán que emplee las palabras de Joan Baptista de Valda, quien escribió en 1660 que este espacio era «de no inferior grandària en competència de qualsevol altre», en referencia a las universidades de su tiempo. Y digo estas palabras con el orgullo del reconocimiento a nuestros maestros y predecesores, personas que lucharon, e incluso pagaron con su vida, por la defensa de la ciencia, del conocimiento y de sus ideas. No podemos olvidar a figuras como Vives, que preside este claustro; Lluís Alcanyís o, más cerca de nuestros tiempos, el doctor Peset Aleixandre, que fue rector de esta casa, fusilado por la dictadura franquista.

Pero a pesar de las numerosas dificultades de cada periodo, a pesar de la oscuridad que ha rodeado al mundo de la ciencia y el conocimiento en diferentes épocas, la Universidad, los universitarios y las universitarias, siempre han tratado de buscar la luz, de buscar respuestas a las preguntas que se ha hecho desde siempre el ser humano, dar respuesta a los problemas más inmediatos, satisfacer su ansia de saber, de conocer su entorno, difundiendo ciencia, mejorando los tejidos productivos y sociales.

Por este motivo, la Universidad siempre ha sido esa isla que señalaba el doctor Romà de la Calle hace un momento, pero que ha ido ensanchando sus umbrales: físicos, primero, para dar acogida a más y más personas, y, después, umbrales sociales, para que cada vez la ciencia y el conocimiento se expandieran a más y más estratos de la sociedad, para hacerlos más justos, más igualitarios y cohesionados, más solidarios y más comprometidos. Para hacer más ciudadanía.

Por ello, la Universidad debe ser un espacio de puertas abiertas, de reflexión, de libre intercambio de ideas y de pensamientos desde el respeto a la diversidad y a la pluralidad, rehuyendo la debilidad del pensamiento único, configurando un espacio de cultivo de los saberes. Como han hecho a lo largo de generaciones las personas que nos han precedido.

Sapientia aedificavit, constructores de saber que superaban los mismos condicionantes históricos, como ha señalado el doctor Anacleto Ferrer en relación con la debilidad de la estética en España en la década de los años setenta del siglo pasado.

Profesor Ferrer, quiero agradecerle públicamente su trabajo hoy presentando al doctor Romà de la Calle. Enhorabuena por su espléndida *laudatio*, repleta de referencias e ilustres nombres que han aportado claridad y reflexión a los estudios filosóficos, al saber y a la difusión de la estética, pero también enhorabuena por sintetizar los relevantes méritos que concurren en la persona de Romà de la Calle, catedrático de esta casa, pero por encima de todo, hombre curioso y comprometido, ejemplo del *vir bonus*, el hombre bueno que la antigüedad pretendía alcanzar como ideal de persona. Muchas gracias, profesor Anacleto Ferrer.

Porque hoy la Universitat de València entrega la más alta de sus distinciones honoríficas al doctor Romà de la Calle. Distinción que se une a las que ya ha recibido, numerosas y relevantes, como ha señalado el profesor Ferrer en su *laudatio*, y que reconocen la actividad docente e investigadora a lo largo de casi medio siglo del doctor Romà de la Calle. Pero, sobre todo, una actividad reconocida socialmente en la medida en que todas y todos identificamos en él a un hombre sabio, en el uso y la acepción clásicos de la palabra.

Un hombre que ha atesorado saberes, que ha cultivado las artes, que se ha aplicado a la docencia para transmitir sus conocimientos, que ha ido acumulando al mismo tiempo en su actividad de investigación.

Pero estamos hablando también de un hombre que ha desarrollado una importante actividad de gestión. De gestión universitaria, dirigiendo un máster oficial y un título de posgrado; de gestión institucional, impulsando el Institut de Creativitat i Innovacions Educatives, y de gestión pública en los consejos rectores del IVAM, del Institut Valencià de Conservació i de Béns Culturals y de dirección del Museu d'Art Contemporani de Vilafamés, además de la dirección del Museu Valencià de la Il·lustració i la Modernitat.

En definitiva, un ejemplo de dedicación ciudadana que se completa con la presidencia de la Reial Acadèmia de Belles Arts de Sant Carles, institución hermanada, como se ha señalado aquí, con nuestra universidad, una parte física de la cual, que ennobleció una de las puertas de acceso a nuestro histórico Estudi General, ornamenta hoy la fachada de las instalaciones de la Acadèmia.

Señoras y señores, tienen ante ustedes a un académico, un investigador, un gestor público. Una persona de integridad y honestidad en su gestión al frente de las instituciones públicas, que ha sufrido, como se ha señalado en su *laudatio*, la intransigencia de aquellos que han querido imponer sobre los criterios profesionales una visión sesgada e interesada del arte desde una concepción partidista de lo público, que es de todos y todas. El doctor Romà de la Calle es un universitario a quien por su defensa de una visión integrada y libre del arte en la sociedad, por ser pionero de la enseñanza de la estética y de la educación artística, la Universitat de València reconoce con su Medalla su compromiso, su generosidad en la preservación, exhibición y donación de su colección de arte y las distinguidas actividades docentes e investigadoras desarrolladas en el seno de su *alma mater*, la Universitat de València.

Que su virtud y ejemplo nos guíen y su estela como maestro destacado se una a la de los maestros que a lo largo de los tiempos han hecho realidad el sueño de los jurados de la ciudad: una universidad al servicio de la sociedad.

Reafirmando este compromiso de la Universitat de València con nuestro territorio, nuestra cultura, con la vocación de proyectarlos al mundo, de extender los saberes y difundir el conocimiento, de dar respuesta a los retos que se nos presentan como sociedad, les agradezco a todas y todos ustedes la asistencia a este acto.

Muchas gracias.

ROMÀ DE LA CALLE

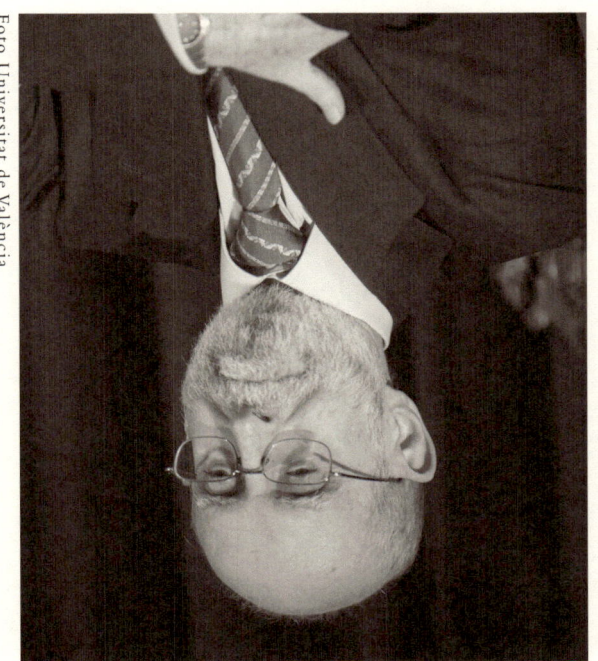

Foto Universitat de València

Romà de la Calle:
Medalla
de la Universitat de València

VNIVERSITAT
Ð VALÈNCIA

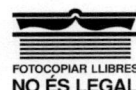
© *D'aquesta edició*: Universitat de València, 2024

Coordinació editorial: Maite Simón

Maquetació: Inmaculada Mesa

Correcció: Elvira Iñigo

Fotografies: TAU-UV

ISBN: 978-84-1118-401-4
Dipòsit legal: V-2326-2024

Impressió: Innovación y cualificación S. L. (Podiprint)

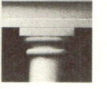

Sumari

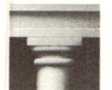

Presentació

Des de fa alguns anys, tant els teòrics de l'educació com les agències encarregades de polsar el desenvolupament i la modernització del sistema universitari, estan d'acord que els pilars de l'educació superior són la docència, la recerca, la gestió i la transferència.

Als quatre aspectes s'ha dedicat de manera reeixida el professor Romà de la Calle (Alcoi, 1942) al llarg de la seua extensa i notable carrera universitària.

Docent en diverses universitats, des que es va iniciar com a ajudant a la Universitat de València en 1968, hi ha impartit classes de Lògica, de Filosofia i d'Estètica, matèria de la qual arribaria a ser catedràtic i tema de gairebé un centenar de tesis doctorals que ha dirigit o codirigit.

Com a investigador, ha publicat desenes de llibres i centenars d'articles en revistes especialitzades i generalistes.

Com a gestor, ha tingut, entre altres responsabilitats, la de director de l'Institut Universitari de Creativitat i Innovacions Educatives de la UVEG —que ell mateix va contribuir a fundar juntament amb el professor Ricardo Marín Ibáñez— i la de fundador del Centre de Documentació d'Art Valencià Contemporani que porta el seu nom.

En l'àmbit de la transferència, el seu treball es ramifica i s'estén per múltiples escenaris: la direcció del Museu Valencià de la Il·lustració i de la Modernitat (MuVIM), la direcció de la Real Academia de Bellas Artes de San Carlos, el consell rector de l'IVAM o l'organització i direcció del Màster d'Estètica i Creativitat Musical i del Postgrau d'Educació Artística i Museus de la UV.

La seua aportació en tots aquests àmbits, la seua capacitat per a crear equips i la seua habilitat per a connectar amb estudiants i gestors culturals públics i privats, han convertit el professor Romà de la Calle en un referent de la nostra *alma mater*, que li ho va reconèixer lliurant-li la seua més alta distinció, la Medalla de la Universitat, el 3 de febrer de 2017.

Des d'aquesta data fins ara són moltes les coses que han succeït en el món, la principal: una llarga i inesperada pandèmia que ha abastat no sols l'estat de salut de milions de persones, sinó el que els especia-

listes han anomenat la síndrome postcovid: les seues seqüeles. També ha comportat canvis en les formes de treball i les rutines de gestió, als quals la nostra Universitat no ha romàs aliena. Tot això ha demorat la publicació d'aquest volum, que recull els discursos institucionals pronunciats en aquell memorable acte de lliurament, del qual la Universitat ha volgut deixar constància escrita i gràfica. Com deia Ovidi: *Nihil est annis velocius*.

ANACLETO FERRER
València, maig de 2024

ACTE ACADÈMIC

DE LLIURAMENT DE LA MEDALLA

DE LA UNIVERSITAT DE VALÈNCIA

3 de febrer de 2017

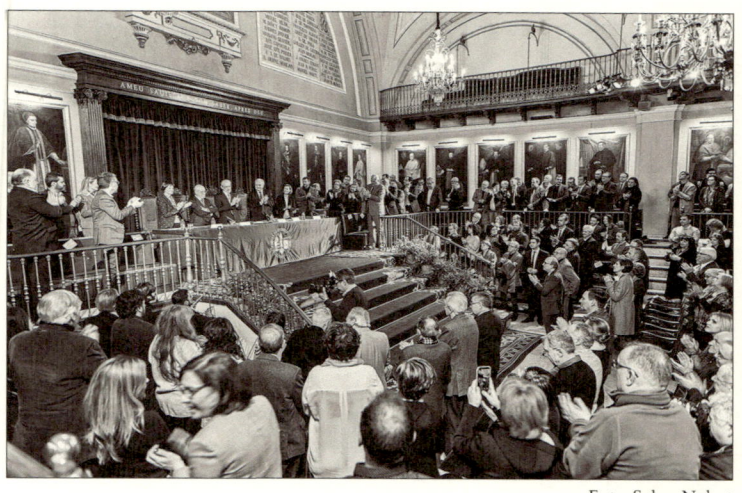

Foto Salva Nebot

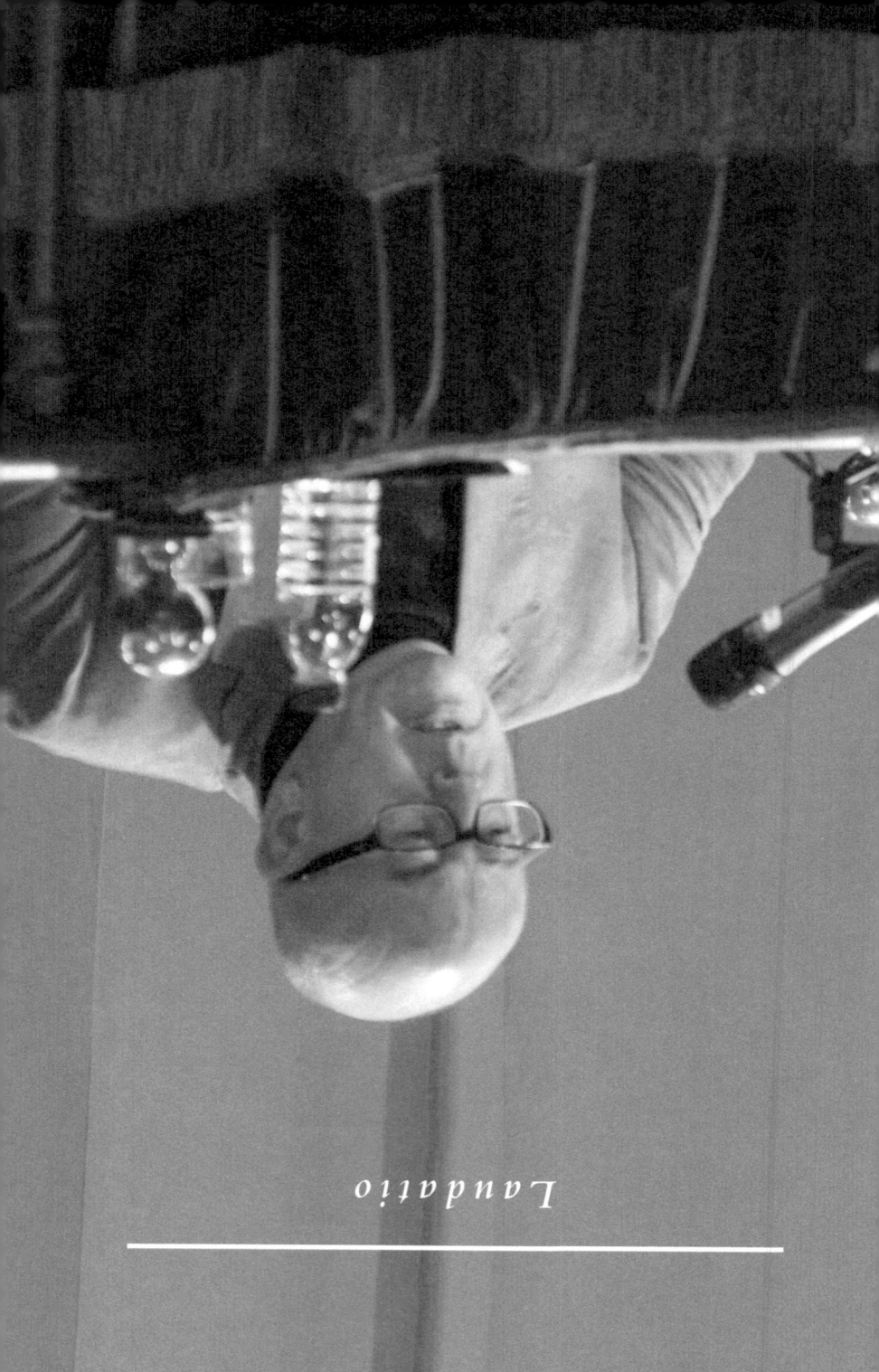

Laudatio

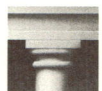 *Laudatio*

ANACLETO FERRER

Excel·lentíssim i Magnífic Senyor Rector,
membres de l'equip rectoral, responsables acadèmics,
autoritats civils,
estimats professors i professores,
amigues i amics,
senyores i senyors,

És per a mi un honor professional i un motiu personal
de satisfacció comparéixer davant de vostés en aquest
acte solemne d'imposició de la Medalla de la Uni-
versitat de València per a fer la *laudatio* del professor
Romà de la Calle, a qui conec, respecte i estime des
de fa ja quaranta anys, quan vaig ser alumne seu en
les aules de l'antiga Facultat de Filosofia i Lletres, hui
d'Història.
    Deia el poeta T. S. Eliot que «els mestres de les
escoles subtils / són controversials, polimàtics». Amb-
dues coses és, sens dubte, Romà de la Calle, home
de múltiples sabers i curiositats intel·lectuals, el major
interés del qual ha sigut entroncar l'estètica amb la

vida, i fer d'aquesta *scientia cognitionis sensitivae* [ciència del coneixement sensible], introduïda en l'àmbit dels sabers filosòfics per Baumgarten en 1750, una via de compromís amb els problemes de la seua època, a través de l'estudi, l'ensenyança i l'impuls a la construcció creativa, ja siga des del llenguatge, des del so i els silencis o des de les formes plàstiques. «Si hi ha un àmbit que siga –ha escrit Romà–, per definició, terra de ningú, si hi ha un espai on sempre ens sentim, normalment, diletants, aquest *no man's land* catalitzador i versàtil és, ni més ni menys, el de l'Estètica com a disciplina.» La poesia i el teatre, la música i les arts visuals han estat en el centre dels seus interessos investigadors i de la seua pràctica docent –de la seua polimatesi– en un moment o un altre de la seua dilatada carrera acadèmica. Insistisc en això de *dilatada*, perquè el seu és un d'aquells raríssims casos en què el treball docent universitari comença fins i tot abans de conclòs el discent, quan, en el curs 1968-1969, el catedràtic Fernando Montero proposa al brillant estudiant de cinqué (Premi Extraordinari de Batxillerat primer i Premi Nacional Fi de Carrera després) fer-se càrrec de les classes del grup vespertí de segon de l'assignatura Història dels Sistemes Filosòfics, juntament amb Ricardo Marín, reconegut pedagog i en aquell moment agregat de Filosofia. El motiu: el trasllat de

Carlos París, titular de la matèria fins llavors, a la Universitat Autònoma de Madrid.

Aquell jove format entre les bambolines del teatre independent i les aules de l'institut d'Alcoi, que, com ell mateix ha dit en més d'una ocasió, havia arribat a la filosofia des de la poesia, s'introduïa en la docència des del teatre, posant en pràctica almenys tres de les indicacions que Bertolt Brecht prescrivia als seus actors: la primera, *l'intercanvi de papers*: «L'actor ha d'intercanviar el seu paper amb el del seu company, unes vegades imitant-lo; d'altres, incorporant la seua pròpia forma d'actuar», i ell ho feia amb Ricardo Marín; la segona, *com parlar citant*: «En lloc de procurar crear la impressió que està improvisant, l'actor ha de demostrar el que és cert: que està citant», cosa que ha fet sempre, proveït de fitxes i d'esquemes, i la tercera, *la importància de l'amenitat*:

> Un dels deures fonamentals de l'actor és resultar amé. Ha d'exposar-ho tot —en especial allò horrible— amb plaer, i ha de demostrar aquest plaer. Qui no siga capaç d'entretenir mentre ensenya i ensenyar mentre entreté, no ha·de fer teatre.

Ni en l'escenari ni en la tarima. Des d'aquell curs fins al de la seua jubilació, quaranta-cinc anys com a professor en distintes universitats (però principalment

en aquesta *alma mater*) avalen la serietat amb què Romà assumia el repte llançat pel professor Montero. A la mort de Franco, en la tardor de 1975, l'Estètica es trobava a Espanya en una situació semblant a la de la majoria dels àmbits de la cultura, acadèmics o no: afrontant les conseqüències de l'empobriment material i moral de la quadragenària dictadura, i, no obstant això, plena d'expectatives i de prometedors indicis. Però, com explica Gerard Vilar,

> la debilitat de l'estètica a Espanya no era només producte de la catàstrofe de la guerra civil i de la glaciació franquista que la va seguir durant quaranta anys, sinó que es devia i es deu també a una dèbil tradició filosòfica i científica producte del domini del catolicisme més dogmàtic, de la insuficient Il·lustració i de la tardana incorporació a la modernitat del país.

I aquest era precisament el repte a què va haver d'enfrontar-se una generació d'estetes, «controversials i polimàtics», amb interessos i dedicacions transversals que passaven per la filosofia, la literatura, la política, l'arquitectura, la música i la crítica d'art, de la qual formaven part José María Valverde, Simón Marchán, Rubert de Ventós, Antoni Marí, Eugeni Trias, Félix de Azúa, Rafael Argullol, Eduardo Subirats, Diego Romero de Solís, José Jiménez o el mateix Romà de la Calle.

A la normalització de la disciplina va contribuir, sens dubte, el reconeixement de l'Estètica i Teoria de les Arts com una àrea especialitzada de coneixement després de l'aprovació de la Llei de Reforma Universitària de 1983. Creador d'aquesta àrea de coneixement en la nostra universitat, els que hem assistit a les classes i seminaris de Romà, abans i després de promulgada aquesta norma, l'hem sentit parlar d'Horaci, Du Bos, Kant, Schiller i Hegel, però també de Tolstoi, Lukács, McLuhan, Croce, Arnheim, Dufrenne, Hospers i Eco, combinant perfectament els clàssics de la modernitat amb els clàssics moderns. La seua dedicació, dins del nou panorama obert per la institucionalització de la presència d'especialistes d'Estètica i Teoria de les Arts en els estudis de distintes facultats, escoles superiors i universitats, va produir com a resultat una intensa activitat intel·lectual que es va materialitzar en la direcció de nombrosos treballs acadèmics. Les xifres són aclaparadores: noranta-una tesis doctorals, trenta-sis memòries de llicenciatura i seixanta-vuit treballs d'investigació de Tercer Cicle. A més d'un important nombre de publicacions pròpies en revistes especialitzades, llibres miscel·lanis i monografies.

A principis del segle passat, el gir de la plàstica cap a l'experimentació va conduir de manera irreversible a valorar els objectes estètics dins de l'entramat teòric

que els sustenta i justifica. Coincidint amb aquest nou context, enfront de velles concepcions que fonamentaven l'art en allò sensitiu (en allò retinià, com ho anomenava Duchamp), es va imposar la idea que fer art passa necessàriament per la producció de continguts intel·lectuals que s'expressen a través de la paraula, facilitant una obertura hermenèutica que constate la pluralitat de lectures i lectors de què és susceptible el text artístic.

Aquest ha sigut l'interés també en el qual ha compromés la seua tasca crítica Romà de la Calle, des que, a finals dels anys setanta, esperonat per Vicente Aguilera Cerni, va decidir continuar el seu quefer en l'àmbit de l'educació artística fora de les aules, a peu d'*atelier* i exposició. I ho ha fet sense prejudicis escolàstics ni rigideses metodològiques, propiciant, com ell mateix afirma, un «eficaç intercanvi metalingüístic entre teoria filosòfica i pràctica literària». En la nòmina dels artistes estudiats per Romà hi ha de tot, dibuixants i pintors, ceramistes i escultors, gravadors, fotògrafs i videoartistes, constituint un voluminós corpus crític que cap estudiós —o simplement amant— de l'art valencià contemporani pot passar per alt.

La seua especial dedicació a l'estudi i la investigació de les arts plàstiques, i el seu sostingut interés per la museologia i l'educació, el van dur a reunir una

important col·lecció d'obres, sobretot —encara que no sols— d'artistes valencians. Un conjunt integrat per quaranta peces, que des del passat 8 de juny forma part del fons patrimonial de la Universitat de València.

En un text de caire autobiogràfic prou recent, Romà rememora:

> No sé realment si he aconseguit arribar a ser el que volia, a pesar d'ocupar, des de fa anys, una càtedra en la Facultat de Filosofia en la Universitat de València-Estudi General. Sempre vaig tindre molt clar que paral·lelament a la docència i a la investigació, que m'interessaven a l'uníson —com dues vies bàsiques de la dedicació universitària—, hi havia alguna cosa més que també m'atreia i que tampoc tenia encara, per cert, un nom determinat; només després ens assabentaríem que allò entrava molt adequadament sota el paraigua lingüístic del terme *gestió*.

En l'àmbit marcadament interdisciplinari de la gestió cultural, Romà de la Calle va ser impulsor, en els anys setanta, de l'Institut de Creativitat i Innovacions Educatives, un dels primers instituts d'investigació de l'*alma mater*; va posar en marxa el Centre de Documentació d'Art Valencià Contemporani, que hui porta el seu nom; va concebre i va dirigir el Màster d'Estètica i Creativitat Musical i el Postgrau

d'Educació Artística i Museus, ambdós de la Universitat de València i amb més de tres lustres de vigència. A més d'aquest treball al si de la institució universitària, la tasca gestora de De la Calle es ramifica i fructifica en l'exterior: forma part del consell rector de l'IVAM des de 1987, del consell de direcció del Museu d'Art Contemporani de Vilafamés entre 1988 i 1995, del consell rector de l'Institut Valencià de Conservació i Restauració de Béns Culturals de la Comunitat Valenciana entre 2005 i 2011, i exerceix la presidència de la Reial Acadèmia de Sant Carles entre 2007 i 2011, i la direcció del Museu Valencià de la Il·lustració i la Modernitat entre 2004 i 2010.

És impossible que l'estètica abaste plenament la seua comesa sense l'ètica. Wittgenstein sentencia que «ètica i estètica són el mateix», que literalment «són Un» (*sind Eins*). La lliçó és fàcil de pronunciar, però difícil de posar en pràctica. Romà, no obstant això, ha fet seu aquell compromís que entroncava amb la millor tradició de la *kalokagathia*, una expressió grega que indica la integració de la bellesa (*kalos*) amb la bondat (*agathos*), la relació «fundant» de l'ètica respecte de l'estètica. Segons Emilio Lledó, aquest concepte, per desgràcia tan desgastat, «unit a la veracitat, al no engany, propi o alié, podríem rebaixar- lo, en els nostres temps, a un terme més modest, però no per això

menys necessari: la decència». Qui no recorda aquell gest d'indignada decència de Romà de la Calle presentant la seua dimissió com a director del MuVIM, el seu compromís gestor més conegut, després de negar-se a admetre un ignominiós acte de censura per part dels poders polítics de llavors? Sí, «indignada», perquè, com apuntava Fuster,

> si la indignació és una forma de la ira, almenys no és una ira més, una ira qualsevol. Ben al contrari: és la ira que pertoca a la virtut. Indignació i virtut són, en última instància, «coses» correlatives: fins i tot són «coses» consubstancials.

Abans de concloure aquesta *laudatio*, m'agradaria recordar unes paraules del moralista francés De la Rochefoucauld, que en una de les seues *Màximes* deia: «és més fàcil semblar digne dels càrrecs que no es tenen que dels que s'ocupen». També en això Romà ha sabut donar una lliçó, no sols ostentant amb dignitat els càrrecs que ha ocupat, sinó semblant-ho. A canvi, ha rebut nombroses distincions, tant pel seu treball com per la projecció social d'aquest. Ha sigut, cosa difícil, profeta en la seua terra. Permeteu-me, per acabar, que en desgrane algunes: Creu d'Alfons X el Savi i Medalla de Plata al Mèrit Professional del Ministeri d'Educació i Ciència, Medalla de la Facultat de

Belles Arts de la Universitat Politècnica de València, Medalla de la Facultat de Filosofia, Premi Nacional de Crítica d'Art, Premi d'Assaig Senyera, Les Palmes Acadèmiques del Ministeri d'Educació Nacional de França, Flama Rotària en Ciències Humanes, Premi a la Llibertat d'Expressió de la Unió de Periodistes, Premi Cartellera Túria al Comportament Cívic, Premi Jove Cultura i Democràcia, Premi Primer de Maig a la Llibertat d'Expressió, Premi Gràffica 2010 a l'interés per la cultura del disseny gràfic, Premi Llibertat cívica, atorgat per la lògia maçònica Blasco Ibáñez, Premi Educació i Societat, i Medalla al Mèrit Cultural de la Reial Acadèmia de Sant Carles.

L'últim dels guardons rebut ha sigut el XIX premi UNE (Unión de Editoriales Universitarias Españolas), a proposta d'un jurat independent, a la col·lecció Estètica & Crítica, que va fundar i dirigeix des de 1993 (i edita Publicacions de la Universitat de València), com a la millor col·lecció de llibres publicats per les universitats espanyoles. Un reconeixement que uneix, una vegada més, la figura de l'universitari amb la de la universitat que l'acull, amb la de la seua *alma mater*, amb aquella que, també hui, li fa entrega de la seua més alta distinció en el mateix lloc en què Romà de la Calle començà a impartir classes fa ja més de mig segle.

Moltes gràcies per la vostra atenció.

Discurs de recepció de la Medalla de la Universitat de València

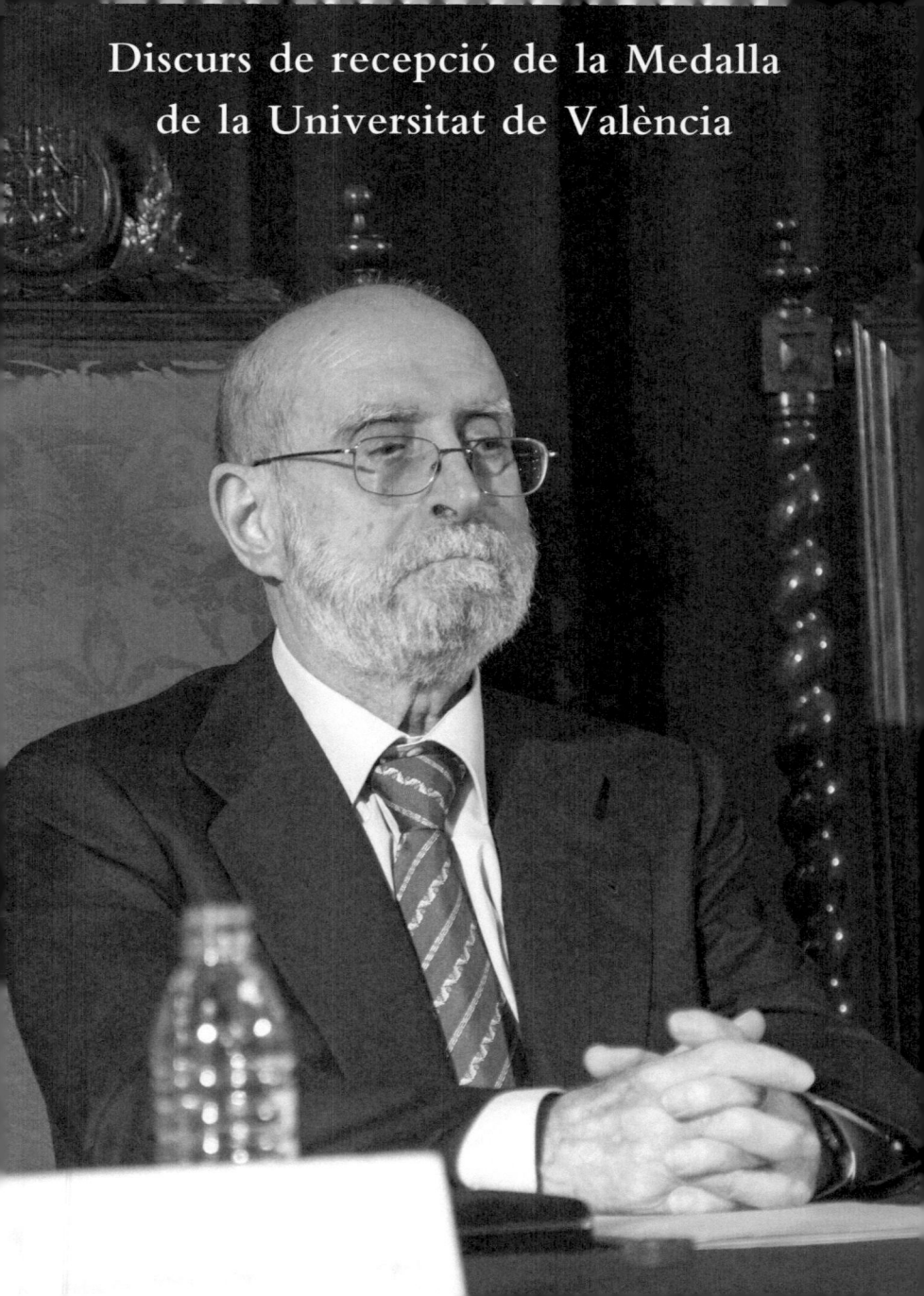

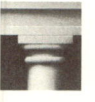

Discurs
de recepció de la Medalla
de la Universitat de València

ROMÀ DE LA CALLE

L'estètica com a filosofia pràctica

Excel·lentíssim i Magnífic Senyor Rector,
excel·lentíssimes autoritats,
professors, col·legues, familiars i amics.
senyores i senyors.

Necessàriament –donada la meua estreta vinculació amb la institució universitària, que tan intensament ha condicionat la meua vida en aquest últim mig segle–, les meues primeres paraules hauran de ser de profund agraïment envers aquells que van iniciar les gestions per a la proposta i concessió de la Medalla de la Universitat i als qui es van sumar al projecte que, en aquest acte, culmina. Es tracta, a més, d'ampliar l'agraïment a les persones i col·lectius que han estat treballant al meu costat –i jo al seu– en aquestes dècades d'especial dedicació a la docència i a la recerca universitàries.

Així mateix, de forma molt especial, després d'escoltar la seua expressiva laudatio, desitge reconeixer al professor —i sobretot amic— Anacleto Ferrer, el grau de generositat mostrat envers la meua persona, a través de les seues ben articulades i emotives paraules. Moltes gràcies.

La veritat és que, a més de sentir-me commogut pel reconeixement i per l'estima dels qui heu volgut acompanyar-me aquest dia, he de confessar que m'envaeix la puntual nostàlgia d'haver coronat un complex viatge i d'haver arribat justament al mateix lloc des d'on, fa dècades, vaig partir. De fet, practicant un tràveling lent, recórrec ara —amb la mirada aguditzada per la situació— aquest espai solemne (de singular pes acadèmic i profundes ressonàncies històriques) convertit, per a mi —juntament amb la resta de l'edifici de La Nau—, en genuí emblema de la nostra històrica universitat.

Aquest és l'impactant lloc que, a principis de la dècada dels seixanta, vaig descobrir i vaig admirar, corprés per la seua rotunda arquitectura, quan acabava d'arribar d'Alcoi per a estudiar ací —amb summa il·lusió i també cert temor i explicable inquietud— una especialitat, sens dubte, minoritària. Justament el claustre, les aules col·laterals (de llavors) i sobretot la ben dotada biblioteca havien de convertir-se en l'escenari

habitual de comportaments, estudis, aprenentatges i convivències. Ací vaig cursar, doncs, la Llicenciatura en Filosofia, en el marc del que oficialment es deia, globalment, Filosofia i Lletres.

Precisament des de la ubicació física, excepcional, que ara ocupe en aquest Paranimf, voldria trencar una llança de reconeixement en favor de la formació rebuda entre aquests murs. D'una banda, gràcies als plans vigents llavors d'humanitats genèriques comunes, abans de triar el camp filosòfic d'especialització. I, d'altra banda, pel destacat conjunt de professors que, efectivament, vam tenir la sort de gaudir i compartir. Van ser ells, sens dubte, els qui van convertir aquell moment i aquest espai universitari en un excepcional i compromés reducte intel·lectual, enmig d'un circumdant i dràstic franquisme, que es disposava a celebrar paradoxalment, en aquella concreta conjuntura històrica, els seus XXV Anys de Pau.

L'altre principal escenari de formació i d'enriquidores experiències ciutadanes, a més de les aules, era el magnífic i acollidor claustre. Es va convertir, de fet, en un espai de persistent intervenció col·lectiva i seu obligada d'incomptables convocatòries, assemblees i parlaments, que en realitat —així ho recorde i reconec— ens aportaven sentit de la responsabilitat, abundants reflexions crítiques, nombrosos projectes d'acció i determinades decisions de futur.

De fet, en recórrer l'edifici, cada racó em dicta records i vius testimoniatges. Ací vaig finalitzar Filosofia, vaig ampliar els meus estudis complementaris de Pedagogia, que llavors s'iniciava com a nova especialitat, i aviat vaig començar, també, a impartir classes, després de la convocatòria oficial preceptiva. Certament, el nombre d'alumnes començava a créixer, en aquella dècada, i es duplicaven els grups i també les aules. Era l'inoblidable Maig del 68.

En aquest marc situacional, s'entendrà que recorde que la meua primera classe —com a professor ajudant de Filosofia, substituint ni més ni menys que el senyor Carlos París, que es traslladava a la Universitat Autònoma de Madrid— fora justament ací, a l'espai del Paranimf, transformat en aula durant algun temps per exigències del guió històric. Jove professor, sense tarima, a peu ferm, al costat dels seients i les imponents escales, només amb una tauleta supletòria lateral i una inestable pissarra, recolzada en dues cadires.

Davant la pressió emotiva i espacial d'aquest moment, era, doncs, obligat que començara tot recordant aquesta coincidència, en aquesta espècie de viatge d'anada i tornada, que —com dic— va arrencar ací i, de nou, fins ací arriba, mig segle després.

Reconec que sempre em vaig plantejar la filosofia com a útil i estratègic camí aplicat, mirant directament cap a la vida i entrant-hi a sac.

Mai la vaig entendre, certament, com a reducte especulatiu, autònom i aïllat. I si tot conreu de la filosofia −vaig pensar i continue pensant− creua i s'atura, necessàriament, d'una banda, en els meandres de la història mateixa de la filosofia, tampoc deixa d'exigir, de l'altra, a més, una determinada estada propedèutica en els sòlids dominis de la lògica, de la gnoseologia i de l'epistemologia. Aquests van ser, en efecte, alguns dels meus trams docents inicials.

Tanmateix, en el meu cas, les preferències i inquietuds filosòfiques personals sempre es van decantar −ja fins i tot d'estudiant− cap al camp de la llavors anomenada Filosofia Pràctica, molt més directament associada, sens dubte, en els seus diferents vessants, a les realitats quotidianes de l'entorn. Apuntaré que, sota l'epígraf de Filosofia Pràctica, se'ns reconduïa, disciplinàriament, durant la carrera, cap a l'antropologia, la sociologia, l'ètica i filosofia política, i l'estètica i teoria de les arts. He de confessar que, ja com a professor d'Història de la Filosofia i de Lògica i Filosofia de la Ciència, tant en aquesta Universitat, Estudi General, com també en la recentment fundada, aleshores, Universitat Politècnica de València, des del 69, mai vaig deixar d'afavorir una imprescindible deriva personal cap a l'esmentada operativitat filosòfica.

D'altra banda, al fil de la meua pròpia experiència, volia unir tres vessants que intuïa imprescindibles per tal d'assegurar la relació entre la universitat i la societat, com a frontissa de futur: em referisc a la docència, la recerca i la gestió sociocultural, inseparables de la vida ciutadana.

En aquesta tessitura em trobava quan, el 1970, l'atzar es va encarregar d'apostar per mi i en el meu favor. Quedava vacant l'única plaça estatal –llavors dotada– de professor adjunt numerari d'Estètica i Teoria de les Arts, amb la marxa del professor León Tello, també, per cert, des de València a la Universitat Autònoma de Madrid.

He de reconéixer que, des del principi, una de les meues explícites preocupacions sempre va ser l'obert caràcter de *no man's land* que l'estètica mantenia, tant en la seua històrica diacronia com en la seua realitat contemporània. El risc es presentava, doncs, enfront d'aquesta incògnita terra de ningú i creixia amb el perill acadèmic «d'acabar sent més un diletant –extensiu– que un veritable especialista». D'ací, la necessitat peremptòria, que vaig experimentar, de definir territoris d'estudi, apropiats, a cada cas.

Una vegada més –insistesc–, estètica i història de l'estètica havien d'anar de la mà, igual que la filosofia mai deixarà de ser, tampoc, en part, la rememoració

de la seua pròpia història. Però, per la meua banda, a més, seguia obsessionat per aplicar la filosofia a la realitat circumdant, és a dir, en aquest cas, al plural domini de les arts, en el seu context sociocultural i, especialment, al dilatat camp de les arts plàstiques i visuals, en la seua contemporaneïtat més immediata. Fins i tot en el desenvolupament històric contemporani del marc de l'àrea, a la universitat espanyola, sempre vaig proposar i vaig donar suport personalment, davant els col·legues de diferents universitats, a la urgent exigència de bastir sòlids ponts d'especialització entre l'estètica, com a filosofia aplicada, i les diverses àrees concretes artístiques existents. Es tractava d'entrellaçar plenament, d'aquesta manera, les arrels filosòfiques amb les diferents disciplines artístiques dels respectius camps d'intervenció i acollida.

Altrament −enfront d'altres postures que propiciaven, a ultrança, una mena de restricció per a l'estètica, tancada en el seu particular reducte filosòfic−, tenia clar que la presència de la nostra disciplina corria el risc de desaparéixer acadèmicament, de manera gradual, en certs camps d'aplicació a les arts, sense el desplegament d'un diàleg interdisciplinari permanent. I així ha succeït, en els últims lustres, en determinats dominis concrets, com poden ser, per exemple, els de l'arquitectura i l'enginyeria, entre d'altres.

Per la meua banda –com ja he dit–, la necessitat operativa i equilibrant de mantenir i alhora controlar, d'una banda, la forta temptació especulativa, que tot filòsof, d'alguna manera, exercita, i, per altra, de fomentar creixentment, així mateix, la directa aplicabilitat de la filosofia al camp de la praxi i de l'experiència de les arts, es va convertir en l'estratègia fonamental per a apropar la tasca docent i investigadora a l'immediat camp aplicat de la crítica d'art. Aquest va ser, aviat, un dels nostres objectius-pont propiciats entre la universitat i la societat: la creació –amb l'imprescindible suport del recordat Vicente Aguilera Cerni i d'altres col·legues d'Estètica, d'Història de l'Art i de l'àmbit del periodisme– de l'Associació Valenciana de Crítics d'Art (AVCA), l'any 1980.

L'exercici de la crítica d'art es va transformar, doncs, entre nosaltres, en experimental pedra de toc de l'eficaç acostament de la reflexió estètica i les seues diverses aplicacions al panorama de les arts plàstiques valencianes. També en altres universitats espanyoles es van entendre aquestes experiències com a oportuns i necessaris reajustaments interdisciplinaris. No puc deixar de recordar, en referència a això, els meus anys de professor d'Estètica i Teoria de les Arts a la Universitat Complutense, entre els difícils anys 1974 i 1978, en els quals també es va posar en pràctica, no

sense problemes, aquesta visió aplicada, oberta i dialogant de la disciplina.

En realitat, dos nuclis històrics resultarien bàsics en els programes de docència i recerca, dins d'aquesta matèria, des de la Universitat de València. D'una banda, l'estudi del segle XVIII, com a origen i ancoratge definitiu de l'estètica, però també com a punt de partida de la moderna història de l'art, del naixement de la crítica i de la implantació dels museus, com a genuïna institució sociocultural. A més, sempre em va atreure l'estudi del fenomen expansiu internacional, en el Segle de les Llums, de les reials acadèmies de Belles Arts i especialment del que va succeir al nostre país, amb la seua dilatada història de segles.

La Reial Acadèmia de Sant Carles, fundada el 1768, es va iniciar, com és ben sabut, justament en aquest mateix edifici de la nostra universitat –que tantes històries sosté i articula–, on ambdues institucions –Universitat i Acadèmia– van cohabitar durant més d'un segle (1754-1850). Però aquesta seria ja una altra llarga aventura...

El segon nucli del programa encetat com a estètica aplicada es resoldria en la sostinguda atenció prestada a l'art contemporani, a la fonamentació, el seguiment crític, la potencialitat museològica i la projecció social d'aquest, optant de manera especial

per atendre el seguiment històric i l'estudi del context artístic del País, desatés acadèmicament i poc estudiat. Allò sí que era una assignatura pendent, en aquelles dècades, i el Departament d'Estètica i Teoria de les Arts va assumir efectivament –en aquell context sociopolític de la dilatada transició– la tasca de normalitzar, tant com fora possible, les relacions entre el fet artístic valencià i el seu abordatge acadèmic, sempre des de la mateixa universitat. Un fet que mai abans havia ocorregut.

Aquest va ser el camí, operativament traçat, per a donar efectivitat a l'Estètica com a filosofia pràctica, tema central d'aquesta *lectio*. Però hi ha una reflexió personal, no menys destacada, que no voldria passar per alt. En comptes d'esqueixar aquell corpus filosòfic aplicat, dividint-lo de forma immediata, en les seues diferents disciplines acadèmiques, sempre em va semblar, almenys des del camp de l'Estètica –primer com a estudiant i després com a docent– que la categoria de relació interdisciplinària era fonamental per assegurar el sosteniment i la fluïdesa del mateix context de la filosofia pràctica.

Des de l'afany d'una nova estètica era impossible, en efecte, no dialogar, per exemple, amb l'antropologia, la sociologia i la psicologia, donades les profundes arrels humanes existents en tota activitat poiètica,

creativa, artística i transformadora. Diàlegs, sempre, de doble direcció.

Però el mateix caldria apuntar, precisament, respecte a l'estètica i els seus profunds i diversos enllaços i interseccions amb els dominis de l'ètica. *Nulla Aesthetica sine Ethica* havia estat el llegat vital del professor Valverde que, immediatament, em vaig proposar fer meu.

O de l'estètica, també, amb les seues compromeses aplicacions en el camp de la cultura artística, de cara a la política, en la seua implantació social, ciutadana, educativa, tant individual com col·lectivament enfocades. Com no parlar de polítiques i serveis culturals, per exemple, des de la reflexió estètica?

Aquests diàlegs interdisciplinaris eren, doncs, imprescindibles, ateses les persistents connexions que aquesta mateixa arrel comuna, com a sectors coimplicats de la filosofia pràctica, els atorga i assigna.

Per la nostra banda, la decisió de marcar en el panorama de l'estètica, operativament, dues zones d'atenció preferencial, potser ajuda a justificar, d'alguna manera, les particulars claus expositives que estem ara desenvolupant.

Efectivament, la Il·lustració i la Modernitat serien, doncs, els àmbits marcats com els de major atracció, en la nostra agenda filosòfica. La Il·lustració i la gènesi

de la reflexió estètica, amb les seues connexions interdisciplinàries. La Modernitat com a transformació evolutiva de les herències il·lustrades, vinculades, en el nostre cas, al fet artístic contemporani, en una determinada franja de diversitat, des de les arts plàstiques i visuals fins a les arts gràfiques i el disseny.

Respecte a la Il·lustració, és important subratllar el singular actiu que la història de l'estètica ha representat per a la docència i la recerca, basades, en el nostre cas, en l'estudi, versió i edició de textos fonamentals, mai abans publicats en castellà o en valencià, especialment de pensadors internacionals del segle XVIII, però també d'escriptors consagrats en les dues centúries següents.

Justament en aquest punt, voldria posar l'accent principalment en la fecunda tasca desenvolupada pel Servei de Publicacions de la Universitat de València (PUV), en el qual, fa vint-i-cinc anys, després d'una sèrie de gestions prèvies, es va engegar la col·lecció Estètica & Crítica, que fins ara he estat dirigint. El seu objectiu era exactament desenvolupar la cultura històrica, estètica, artística i filosòfica, traduint textos bàsics, de caràcter clàssic, d'abast internacional, amb els corresponents estudis crítics incorporats, d'orientació acadèmica. Es tractava de fomentar el conreu i la formació interdisciplinària d'universitaris, profes-

sionals, investigadors, especialistes i lectors interessats en aquestes fonamentades frontisses entre la cultura artística i les humanitats. Sempre he considerat que aquesta era una tasca bàsicament d'arrel universitària.

Quaranta volums han aparegut, fins al moment, en aquesta col·lecció —*gutta, gutta cavat lapidem*—, cosa que ha proporcionat textos d'autors històricament imprescindibles. Però el més estimulant, com a suport moral, ha estat que recentment —quan ja estava sol·licitant, per edat, el reemplaçament en aquestes tasques de direcció— la UNE (Unión de Editoriales Universitaries Españolas), ha decidit guardonar, a través d'un jurat independent, la nostra col·lecció, Estètica & Crítica, amb el Premi a la Millor Col·lecció Universitària. D'ací, una vegada més, la satisfacció sentida i l'agraïment que vull expressar a l'equip editorial i als traductors i responsables de tota la feina d'estudi i introducció crítica que s'ha dut a terme, tan generosament, en aquest projecte compartit.

En realitat, les exigències del context històric contemporani, ja en plena transició política, anirien condicionant —determinant—, en bona mesura, els perfils de l'Estètica a les universitats públiques valencianes, accentuant les nostres especialitzacions com a col·lectiu interdisciplinari en expansió. Fins i tot organitzàrem, ho recorde bé, les primeres mostres d'art

contemporani gestionades i comissariades a La Nau, ja als inicis de la dècada dels vuitanta.

Quins nuclis calia prioritzar, doncs, en l'estudi de l'art contemporani, des de la reflexió estètica? Era una cosa que ens preguntàvem, força interessats, en les primeres sessions de treball.

En primer lloc, ens preocupava, sens dubte, l'estudi de les «poètiques» en el panorama artístic del moment. No debades estàvem disposats a trencar una llança, no en favor d'una «estètica normativa», com la que històricament, sovint, s'havia propiciat, sinó més aviat potenciar el desenvolupament, en el marc de la contemporaneïtat, d'una nova estètica, és a dir, d'una «estètica descriptiva i analítica», en relació amb el fet artístic actual.

L'art assumit, ni més ni menys, com a suma de les poètiques que, en cada conjuntura històrica, persisteixen, emergeixen i es desenvolupen. Era un repte que l'estètica havia d'assumir, a peu de camp, per a involucrar-se plenament en la poètica i la crítica, en abordar l'estudi del panorama de l'art contemporani del nostre voltant.

Estètica, poètica i crítica, enteses, finalment, com a baules estretament correlacionades. Tot un complex camp d'interessos s'obria, doncs, a l'estètica com a filosofia aplicada, en el seu acostament a l'horitzó de

l'art valencià. Diàlegs entre les imatges i les paraules. Nombrosos volums editats, projectes de recerca gestionats, exposicions propiciades... Però tampoc és el moment oportú d'insistir més en aquesta trajectòria d'assoliments...

De fet, tant la càtedra d'Estètica com la seua creixent àrea disciplinar —mai abans existents històricament a les universitats valencianes— van anar perfilant la seua implantació i les seues programacions actives, partint —*in nuce*— des de la Facultat de Filosofia, per impartir docència, a més, a Història de l'Art, Filologia, Belles Arts, Arquitectura i Ciències de la Música. Sens dubte, tot un rosari d'esglaons d'activació acadèmica i social, al costat de nombrosos records compartits per moltes persones, algunes de les quals, potser, també avui es troben presents ací.

Aquest era, al cap i a la fi, el contingut que desitjàvem embastar, amb un evident perfil pragmàtic, com a agraïment a la Universitat de València-Estudi General, que va facilitar la realització de molts dels nostres somnis, transformats a més en projectes viables, al llarg de mig segle de convivència.

Quod potui feci, faciant meliora potentes.

Moltes gràcies a tots per la seua presència, atenció, afecte i companyia.

Paraules de l'Excm. i Magfc. Rector, Sr. Esteban Morcillo

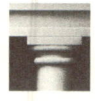

Paraules de l'Excm. i Magfc. Sr. Rector

Senyores i senyors,

Benvingudes i benvinguts a aquest històric edifici de la Universitat de València, La Nau, «casa d'estudis», espai emblemàtic de la ciutat de València que, com ha assenyalat en la seua magnífica *lectio* el doctor Romà de la Calle, ha estat el lloc físic i anímic en el qual s'han conformat generacions de valencians i valencianes des que, l'any 1499, els jurats de la ciutat de València decidiren erigir aquest Estudi General per tal que —i cite textualment les ordinacions de 1499— «los fills de la present ciutat e regne com estranys de altres regnes e províncies puxen estudiar, hoyr e aprofitar en la present ciutat».

És per això que aquest emblemàtic edifici continua essent un espai simbòlic per a moltes persones que en aquestes aules avançaren per la senda del coneixement forjant en aquest camí nous lligams, obrint-se a

45

noves idees i experiències, però també per a moltes altres que han vingut als nombrosos indrets que conformen l'arquitectura de La Nau, per participar de la seua intensa activitat cultural, de reflexió i de pensament.

Per compartir amb la dignitat requerida les més grans exposicions de les idees i per intercanviar-les es va construir aquest Paranimf, aquest teatre acadèmic, per acollir els més solemnes debats i actes públics i acadèmics des de mitjans del segle disset.

Em permetran que empre les paraules de Joan Baptista de Valda, qui va escriure en 1660 que aquest espai era «de no inferior grandària en competència de qualsevol altre» en referència a les universitats del seu temps. I dic aquestes paraules amb l'orgull del reconeixement als nostres mestres i predecessors, persones que lluitaren, i fins i tot pagaren amb la seua vida, per la defensa de la ciència, del coneixement i de les seues idees. No podem oblidar figures com Vives, que presideix aquest claustre; Lluís Alcanyís o, més prop dels nostres temps, del doctor Peset Aleixandre, que fou rector d'aquesta casa, afusellat per la dictadura franquista.

Però malgrat les nombroses dificultats de cada període, malgrat la foscor que ha envoltat el món de la ciència i el coneixement en diferents èpoques, la Universitat, els universitaris i universitàries, sempre

han tractat de cercar la llum, de buscar respostes a les preguntes que s'ha fet des de sempre l'ésser humà, donar resposta als problemes més immediats, satisfer la seua ànsia de saber, de conéixer el seu entorn, difonent ciència, millorant els teixits productius i socials.

Per aquest motiu, la Universitat sempre ha estat aqueixa illa que assenyalava el doctor Romà de la Calle fa un moment, però que ha anat eixamplant els seus llindars: físics, primer, per donar acollida a més i més persones, i, després, llindars socials perquè cada cop la ciència i el coneixement s'espandisca a més i més estrats de la societat, per fer-la més justa, més igualitària i cohesionada, més solidària i més compromesa. Per fer més ciutadania.

Per això, la Universitat ha de ser un espai de portes obertes, de reflexió, de lliure intercanvi d'idees i de pensaments des del respecte a la diversitat i a la pluralitat, defugint la feblesa del pensament únic, configurant un espai de conreu dels sabers. Com han fet al llarg de generacions les persones que ens han precedit.

Sapientia aedificavit, constructors de saber que superaven els mateixos condicionants històrics, com ha assenyalat el doctor Anacleto Ferrer en relació amb la debilitat de l'Estètica a Espanya en la dècada dels anys setanta del segle passat.

Professor Ferrer, vull agrair-vos públicament el vostre treball hui presentant el doctor Romà de la Calle. Enhorabona per la vostra esplèndida *laudatio*, farcida de referències i il·lustres noms que han aportat claredat i reflexió als estudis filosòfics, al saber i la difusió de l'estètica, però també enhorabona per sintetitzar els rellevants mèrits que concorren en la persona de Romà de la Calle, catedràtic d'aquesta casa, però per sobre de tot, home curiós i compromès, exemple del *vir bonus*, l'home bo que l'antiguitat pretenia assolir com a ideal de persona. Moltes gràcies, professor Anacleto Ferrer.

Perquè hui la Universitat de València lliura la més alta de les seues distincions honorífiques al doctor Romà de la Calle. Distinció que s'uneix a les que ja ha rebut, nombroses i rellevants, com ha assenyalat el professor Ferrer en la seua *laudatio*, i que reconeixen l'activitat docent i investigadora al llarg de gairebé mig segle del doctor Romà de la Calle. Però, sobretot, una activitat reconeguda socialment en la mesura que totes i tots identifiquem en ell a un home savi, en l'ús i accepció clàssics de la paraula.

Un home que ha atresorat sabers, que ha conreat les arts, que s'ha aplicat a la docència per transmetre els seus coneixements, que ha anat acumulant alhora en la seua activitat de recerca. Però estem parlant

també d'un home que ha desenvolupat una important activitat de gestió. De gestió universitària, dirigint un màster oficial i un títol de postgrau; de gestió institucional, impulsant l'Institut de Creativitat i Innovacions Educatives, i de gestió pública en els consells rectors de l'IVAM, de l'Institut Valencià de Conservació i de Béns Culturals i de direcció del Museu d'Art Contemporani de Vilafamés, a més de la direcció del Museu Valencià de la Il·lustració i la Modernitat.

En definitiva, un exemple de dedicació ciutadana que es completa amb la presidència de la Reial Acadèmia de Belles Arts de Sant Carles, institució agermanada, com s'ha assenyalat ací, amb la nostra universitat, una part física de la qual, que va ennoblir una de les portes d'accés al nostre històric Estudi General, ornamenta hui la façana de les instal·lacions de l'acadèmia.

Senyores i senyors, tenen davant de vostés un acadèmic, un investigador, un gestor públic. Una persona d'integritat i honestedat en la seua gestió al front de les institucions públiques, que ha patit, com s'ha assenyalat en la seua *laudatio*, la intransigència d'aquells que han volgut imposar sobre els criteris professionals una visió esbiaixada i interessada de l'art des d'una concepció partidista d'allò públic, que és de tots i totes. El doctor Romà de la Calle és un univer-

sitari a qui per la seua defensa d'una visió integrada i lliure de l'art en la societat, per ser capdavanter de l'ensenyament de l'estètica i de l'educació artística, la Universitat de València reconeix amb la seua Medalla el seu compromís, la seua generositat en la preservació, exhibició i donació de la seua col·lecció d'art i les distingides activitats docents i investigadores desenvolupades al si de la seua *alma mater*, la Universitat de València.

Que la seua virtut i exemple ens guien i el seu estel com a mestre destacat s'unisca al dels mestres que al llarg dels temps han fet realitat el somni dels jurats de la ciutat: una universitat al servei de la societat.

Refermant aquest compromís de la Universitat de València amb el nostre territori, la nostra cultura, amb la vocació de projectar-los al món, d'estendre els sabers i difondre el coneixement, de donar resposta als reptes que se'ns presenten com a societat, els agraïsc a totes i tots vostés l'assistència a aquest acte.

Moltes gràcies.